♥ 좋아요
문재인

고군

● 고군(고흥석)

만화창작과를 졸업했지만 '일'이라는 현실 때문에 10년 동안 그림을 그리지 못했다. 그러던 어느 날, 말도 안 되는 현실을 담은 뉴스가 쏟아져 나왔다. 이에 화가 난 촛불시민들도 광장으로 쏟아져 나왔다. 그리고 문재인이라는 사람이 대선에 다시 나왔다.

그때 생각했다. '지금 여기서 내가 할 수 있는 일은 무엇일까?' '무엇으로 어떻게 싸울 수 있을까?' '정권 교체를 외치는 이를 어떻게 도울 수 있을까?'

답은 자명했다. 10년 만에 다시 펜을 들었다. 그리고 국민과 문재인이 함께 승리했다. 새로운 대한민국을 이끌어가는 이들과 함께 울고 웃으며 계속해서 그림을 그릴 계획이다.

청강문화산업대 만화창작과를 졸업한 후, CCRC 만화 스튜디오, 조선h&g 편집광고팀, 델타콤 pop 광고회사에서 근무했다. 참여한 전시로는 우리만화연대 만화의 날 5주년 기획전 〈만화의 발견─만화 생활백서〉, 〈2005 젊은 작가전〉이 있으며, 2017년에 개인전 〈고군전〉을 진행했다.

instagram.com/gog00n/
facebook.com/gogoooooon

대한민국의 역사를 바꾼
문재인의 아름다운 발걸음

 **좋아요**
문재인

글/그림 **고 군**

북로그컴퍼니

추천사

절망을 희망으로 바꿔냈던 촛불의 시간이 고군 작가의 재기발랄한 프레임에 담겼습니다. 고군 작가의 작품들을 보고 있으니 울고 웃었던 지난겨울 뜨거웠던 우리의 광장이 떠올라 가슴이 벅찹니다.

날카롭지만 따뜻한 시선이 담긴 새로운 민주주의를 향한 우리 시대의 기록, 고군 작가의 《좋아요, 문재인》에 자신 있게 '좋아요'를 꾹 눌러드립니다. 엄지 척-! __박원순 서울시장

광장에서 촛불시민들과 함께했던 시간이 생생하게 떠오릅니다. 공정한 세상, 나라다운 나라를 만들자는 국민의 열망이 새로운 대한민국을 만들었습니다. 그 자리에 저도 함께 있었다는 게 자랑스럽습니다.

《좋아요, 문재인》은 그 아름다운 시간을 기록했다는 것 하나만으로도 의미 있는 책이라 생각합니다. 10여 년 만에 정권 교체를 이룬 문재인 대통령의 발걸음과 그 발걸음을 이끄는 힘인 국민의 마음을 늘 기억하겠습니다.

__이재명 성남시장

촛불 하나하나가 거대한 촛불 물결이 되어 광화문에서 타올랐습니다. 그 촛불 하나하나가 모여서 새 정부 탄생의 역사를 이루었습니다. 그 현장에서 촛불 하나의 의미를 놓치지 않고 생생하게 그려낸 《좋아요, 문재인》도 하나의 역사입니다.

한국현대사 백 년의 꽃과 열매인 촛불시민혁명의 한복판에서 국민들의 정서를 세세하게 그려낸 고군 작가님의 열정에 감사드립니다. 많은 국민들이 이 책을 통해 그날의 감격을 다시 느낄 수 있기를 바랍니다. __정청래 전 의원

지난 더불어민주당 대선 경선 당시, 처음으로 가까이에서 대화를 나누어본 문재인이라는 사람에게는 남다른 진정성과 개혁성, 배려심이 느껴졌습니다. 힘든 사람을 감싸 안아주는 따뜻한 사람, 든든한 맏형 같은 사람, 치열한 경쟁 중에도 하나의 팀을 강조했던 사람, 수많은 공격을 받으면서도 그것이 국민을 위해 옳은 일이라는 확신이 서면 뚜벅뚜벅 탱크처럼 걸어나갔던 사람, 자랑스러운 촛불시민과 함께 걸어온 사람…. 문재인은 바로 그런 사람입니다. 그렇기에 문재인의 발걸음을 담아낸 이 책은 사실 촛불시민과 함께 쓰고 그린 것이라고 말할 수도 있을 것입니다. 새로운 대한민국에서 작은 기적들을 함께 일궈나가는 모든 민주시민 여러분께 일독을 권합니다. **_최성 고양시장**

이토록 간단명료한 기록이 또 있겠는가. 지난겨울, 매서운 겨울바람을 이겨내던 광장에는 이 기록처럼 해학이 가득했다. 100만이 넘는 사람들이 잊지 말아야 할 기억이지만, 이제는 웃으며 떠올릴 수 있는 추억이다. 《좋아요, 문재인》은 현재 진행형의 이야기이며, 같은 실수를 되풀이하지 말자는 의미를 갖는 대한민국 만화실록이다. **_배성재 아나운서**

많은 시간이 쌓여야 만들어지는 순간이 있다. 광화문에 다시 빛을 밝히기 위해 촛불들이 모여야 했던 것처럼. 작가 고군은 그처럼 깊은 사연을 품은 순간들을 그림으로 이야기하고 있다. 너무 진지할 수 있지만 만화처럼 정감 넘치는 캐릭터들과 화사한 색감으로 편안하게 바꿔놓았다. 가족의 사진첩이라도 넘기듯 자꾸만 들여다보고 싶게끔 한다. 잊지 말아야 할 중요한 순간들이 고군 작가 덕분에 어여쁜 기록물로 만들어졌다. **_양지열 변호사**

추천사는 정치인·비정치인순, 가나다순으로 실었습니다.

어둠은 빛을 이길 수 없다

거짓은 참을 이길 수 없다

진실은 침몰하지 않는다

우리는 포기하지 않는다

세계가 놀란 아름다운 촛불혁명,

우리의 손으로 새로운 대한민국을 만들다!

"기회는 평등할 것입니다.

과정은 공정할 것입니다.

결과는 정의로울 것입니다."

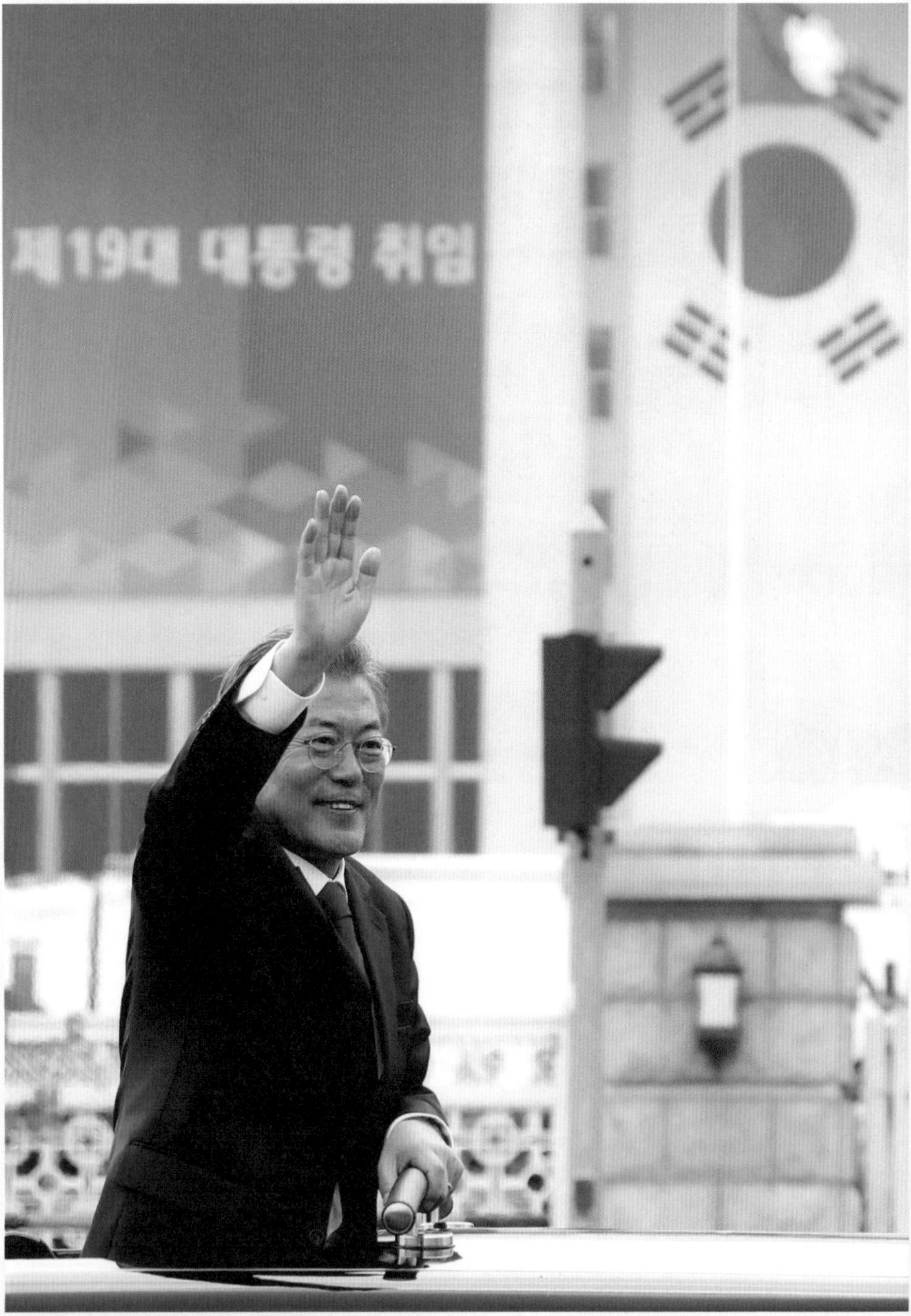
제19대 대통령 취임

제19대 문재인 대통령 취임사

— 국민께 드리는 말씀

존경하고 사랑하는 국민 여러분, 감사합니다. 국민 여러분의 위대한 선택에 머리 숙여 깊이 감사드립니다. 저는 오늘 대한민국 제19대 대통령으로서 새로운 대한민국을 향해 첫걸음을 내딛습니다. 지금 제 두 어깨는 국민 여러분으로부터 부여받은 막중한 소명감으로 무겁습니다. 지금 제 가슴은 한 번도 경험하지 못한 나라를 만들겠다는 열정으로 뜨겁습니다. 그리고 지금 제 머리는 통합과 공존의 새로운 세상을 열어갈 청사진으로 가득 차 있습니다.

우리가 만들어가려는 새로운 대한민국은 숱한 좌절과 패배에도 불구하고 우리의 선대들이 일관되게 추구했던 나라입니다. 또 많은 희생과 헌신을 감내하며 우리 젊은이들이 그토록 이루고 싶어 했던 나라입니다. 그런 대한민국을 만들기 위해 저는 역사와 국민 앞에 두렵지만 겸허한 맘으로 대한민국 19대 대통령으로서의 책임과 소명을 다할 것임을 천명합니다. 대한민국의 위대함은 국민의 위대함입니다. 그리고 이번 대통령 선거에서 우리 국민은 또 하나의 역사를 만들어주셨습니다.

전국 각지에서 고른 지지로 새로운 대통령을 선택해주셨습니다. 오늘부터 저는 국민 모두의 대통령이 되겠습니다. 저를 지지하지 않았던 국민한 분 한 분도 저의 국민이고 우리의 국민으로 섬기겠습니다. 저는 감히약속드립니다. 2017년 5월 10일, 이날은 진정한 국민 통합이 시작된 날로역사에 기록될 것입니다. 존경하고 사랑하는 국민 여러분. 힘들었던 지난세월, 국민은 이게 나라냐고 물었습니다. 대통령 문재인은 바로 그 질문에서 새로 시작하겠습니다. 오늘부터 나라를 나라답게 만드는 대통령이되겠습니다. 구시대의 잘못된 관행과 과감히 결별하겠습니다. 대통령부터 새로워지겠습니다.

우선 권위적인 대통령 문화를 청산하겠습니다. 준비를 마치는 대로 지금의 청와대에서 나와 광화문 대통령 시대를 열겠습니다. 참모들과 머리와 어깨를 맞대고 토론하겠습니다. 국민과 수시로 소통하는 대통령이 되겠습니다. 주요 사안은 대통령이 직접 언론에 브리핑하겠습니다. 퇴근길에는 시장에 들러 마주치는 시민과 격의 없는 대화를 나누겠습니다. 때로는 광화문 광장에서 대토론회를 열겠습니다.

대통령의 제왕적 권력을 최대한 나누겠습니다. 권력기관은 정치로부터완전히 독립시키겠습니다. 그 어떤 기관도 무소불위의 권력을 행사할 수없도록 견제 장치를 만들겠습니다. 낮은 자세로 일하겠습니다. 국민과 눈높이를 맞추는 대통령이 되겠습니다. 안보 위기도 서둘러 해결하겠습니다. 한반도의 평화를 위해 동분서주하겠습니다. 필요하면 곧바로 워싱턴으로 날아가겠습니다. 베이징과 도쿄에도 가고 여건이 조성되면 평양에도 가겠습니다. 한반도의 평화 정착을 위해서라면 제가 할 수 있는 모든일을 다 하겠습니다. 한미동맹은 더욱 강화하겠습니다. 한편으로 사드 문

제 해결을 위해 미국 및 중국과 진지하게 협상하겠습니다. 튼튼한 안보는 막강한 국방력에서 비롯됩니다. 자주 국방력 강화하기 위해 노력하겠습니다. 북핵문제 해결할 토대도 마련하겠습니다. 동북아 평화구조 정착시켜 한반도 긴장완화 전기 마련하겠습니다.

함께 선거를 치른 후보들께 감사의 말씀과 함께 심심한 위로를 전합니다. 이번 선거에서는 승자도 패자도 없습니다. 우리는 새로운 대한민국을 함께 이끌어가야 할 동반자입니다. 이제 치열했던 경쟁의 순간을 뒤로하고 함께 손을 맞잡고 앞으로 전진해야 합니다. 존경하는 국민 여러분. 지난 몇 달 우리는 유례없는 정치적 격변기를 보냈습니다. 정치는 혼란스러웠지만 국민은 위대했습니다. 현직 대통령의 탄핵과 구속 앞에서도 국민이 대한민국의 앞길을 열어주셨습니다.

우리 국민은 좌절하지 않고 오히려 이를 전화위복의 계기로 승화시켜 마침내 오늘 새로운 세상을 열었습니다. 분열과 갈등의 정치도 바꾸겠습니다. 보수 진보 갈등 끝나야 합니다. 대통령이 나서서 직접 대화하겠습니다. 야당은 국정운영의 동반자입니다. 대화를 정례화하고 수시로 만나겠습니다.

전국적으로 고르게 인사를 등용하겠습니다. 능력과 적재적소를 인사의 대원칙으로 삼겠습니다. 저에 대한 지지 여부와 상관없이 유능한 인재를 삼고초려해서 일을 맡기겠습니다. 나라 안팎으로 경제가 어렵습니다. 민생도 어렵습니다. 선거 과정에서 약속했듯이 무엇보다 먼저 일자리를 챙기겠습니다. 동시에 재벌 개혁에도 앞장서겠습니다. 문재인 정부하에서는 정경유착이란 말이 완전히 사라질 것입니다. 지역과 계층과 세대 간

갈등을 해소하고 비정규직 문제도 해결의 길을 모색하겠습니다. 차별 없는 세상을 만들겠습니다. 거듭 말씀드립니다. 문재인과 더불어민주당 정부에서 기회는 평등할 것입니다. 과정은 공정할 것입니다. 결과는 정의로울 것입니다.

존경하는 국민 여러분, 이번 대통령 선거는 전임 대통령의 탄핵으로 치러졌습니다. 불행한 대통령의 역사가 계속되고 있습니다. 이번 선거를 계기로 이 불행한 역사는 종식돼야 합니다. 저는 대한민국 대통령의 새로운 모범이 되겠습니다. 국민과 역사가 평가하는 성공한 대통령이 되기 위해 최선을 다하겠습니다. 그래서 지지와 성원에 보답하겠습니다. 깨끗한 대통령이 되겠습니다. 빈손으로 취임하고 빈손으로 퇴임하는 대통령이 되겠습니다. 훗날 고향으로 돌아가 평범한 시민이 되어 이웃과 정을 나눌 수 있는 대통령이 되겠습니다. 국민 여러분의 자랑으로 남겠습니다.

약속을 지키는 솔직한 대통령이 되겠습니다. 선거 과정에서 제가 했던 약속들을 꼼꼼하게 챙기겠습니다. 대통령부터 신뢰받는 정치를 솔선수범해야 진정한 정치 발전이 가능할 것입니다. 불가능한 일을 하겠다고 큰소리치지 않겠습니다. 잘못한 일은 잘못했다고 말씀드리겠습니다. 거짓으로 불리한 여론을 덮지 않겠습니다. 공정한 대통령이 되겠습니다. 특권과 반칙이 없는 세상을 만들겠습니다. 상식대로 해야 이득을 보는 세상을 만들겠습니다. 이웃의 아픔을 외면하지 않겠습니다. 소외된 국민이 없도록 노심초사하는 맘으로 항상 살피겠습니다.

국민의 서러운 눈물을 닦아드리는 대통령이 되겠습니다. 소통하는 대통령이 되겠습니다. 낮은 사람, 겸손한 권력이 되어 가장 강력한 나라를 만들겠습니다. 군림하고 통치하는 대통령이 아니라 대화하고 소통하는 대통령이 되겠습니다. 광화문 시대 대통령이 되어 국민과 가까운 곳에 있겠습니다. 따뜻한 대통령, 친구 같은 대통령으로 남겠습니다.

사랑하고 존경하는 국민 여러분. 2017년 5월 10일, 오늘 대한민국이 다시 시작합니다. 나라를 나라답게 만드는 대역사가 시작됩니다. 이 길에 함께해주십시오. 저의 신명을 바쳐 일하겠습니다.

● 프롤로그

문재인 대통령 당선 직후, 만나는 사람들마다 이런 이야기를 했습니다.

"대통령 하나 바뀌었을 뿐인데 어떻게 세상이 이렇게 변할 수 있을까?"

상식이 통하는 나라, 국민에게 주권이 있는 나라를 외치며 몇 개월간 광장에서 촛불을 든 수많은 사람들도 막상 '나라다운 나라'로 변해가는 대한민국에 놀라움을 금치 못했습니다.

지난 시간, 특히 지난 10여 년 동안 참으로 많은 국민들이 국가, 혹은 국가 책임자의 외면으로 제 목소리를 낼 수 없었습니다. 오랜 시간, 국민들은 상처받고 다치고 넘어졌습니다.

그런데 하루아침에 많은 것이 바뀌었습니다.

비정규직이 정규직이 되고, 세월호 기간제 교사의 죽음이 순직 처리되고, 국정 교과서가 폐기되고, 임을 위한 행진곡이 제창되고, 백남기 농민의 죽음이 외인사로 정정되고, 원전이 폐쇄되었습니다. 국민들이 위로받고 있습니다.

이 모든 공을 문재인 대통령에게 돌린다는 게 무리일 수도 있지만, 분명 그는 우리가 지금껏 보아왔던 대통령들과 다른 행보를 보여주고 있습니다. 국민에게 절절히 공감하고, 국민을 불의한 것들로부터 지키려는 그의 정의와 신념, 국민에게 먼저 다가가 진심으로 안아주는 따뜻함을 느낄 때마다 가슴이 뜨거워집니다.

문재인 정부의 시작을 지켜보며 도대체 100일이 지났을 때 우리는 얼마나 성장한 나라를 가지게 될까, 얼마나 행복한 나라를 만나게 될까, 하는 기대를 갖게 되었습니다. 그리고 그때까지의 순간순간을 기록하고 싶었습니다. 오랜만에 다시 그림을 그리기 시작했습니다.

그 결과물 《좋아요, 문재인》을 세상에 내놓습니다. 이 책에 문재인 대통령의 아름다운 행보를 꼼꼼하게 담았습니다. 더불어 대통령을 향한 이유 없는 공격을 그저 가만히 지켜보지 않겠다는 다짐도 담았습니다. 국민을 위하는 대통령을 다시 한 번 잃을 수 없다는 의지도 담았습니다.

많은 분들이 《좋아요, 문재인》을 읽는 동안 행복했으면 좋겠습니다.

저의 SNS에 찾아오셔서 제 그림에 '좋아요'와 '공감'을 눌러주시고, 제게 댓글로 힘을 주신 분들께 이 자리를 빌려 감사의 인사를 전합니다.

고군

Part 1 촛불의 힘

Part 2   완전히 새로운 대한민국

Part 3 문워크는 계속된다

Part 4 문재인 대통령 연설문

부록

촛불의 힘

서서히 떠오르다

#아는동생 #아는언니 #수상한관계

2016년 10월 24일,
JTBC 〈뉴스룸〉의 최순실 태블릿PC 단독보도.
그동안 감추어져 있던 검은 진실이
수면 위로 떠오르다.

꼭두각시

#최순실통화내용 #패러디라고쓰고 #팩트라고읽는다

어우, 큰일났네.
우리 꼭두각시 언니…
정신 바짝 차려야 하는데.
이렇게 하고 저렇게 해서
이걸 이제 하지 않으면…
그러니까 우리 분리 안 시키면
다 죽어!

촛불의 서막

#우리의소원은 #하야

이게 나라냐!

비밀

#사이비연금술사 #내속이부글부글

그리 멀지 않은 옛날 옛적…
그렇게 정부 상징 로고가 만들어졌다나?

개발 비용 5억,
정부 상징 로고 교체 예산 60억 이상인 건
안 비밀.

죽을 죄

#최순실 #검찰출두할때 #신었던 #프라다구두 #비싸다던데

2016년 10월 31일,
최순실의 검찰 출두.
"죽을 죄를 졌습니…."

그렇게 큰 죄인 줄 알았으면
시작을 말지 그랬어?

촛불혁명

#나라다운나라 #국민이만든다

2017년의 마지막 날.
10차 촛불집회 참여 인원
전국 누적 1000만 명 돌파!

새로운 대한민국을 만들려는
나와 당신, 우리가 자랑스럽습니다.

힘내라 특검!

#박영수특검 #성과도 #패션도 #간지작살

문형표 전 보건복지부 장관 구속,
김경숙 전 이대 신산업융합대학장 구속,
김기춘 전 청와대 비서실장 구속,
조윤선 전 문체부 장관 구속,
이재용 삼성전자 부회장 구속….

다음은 누구?

다음은 누구?

#도둑이 #제발저린다

이제
명퇴하세요
박수는 없겠지만

아무 말 대잔치! 첫 번째 문제!
초통령은 뽀로로다!
Y / N

저도 이제 나이가 들어서...
이제 와서 모른다고
말할 순 없겠네요...

모른다고
제가 말씀드리지 않습니까?

뽀로로를 만나러 청와대에
3~4번 갔다 왔지만
독대는 한 적 없습니다.

아닙니다.
모릅니다.
아닙니다.
모릅니다.

뽀로로를 배제하는
명단은 있었던 것으로
판단됩니다.

뽀통령!
꼭 뵙고 싶었습니다.

장모님 시술 후 골프장 가서
모르겠네요...

송구스럽지만...
이 과정에서
저희가 국민 여러분들께...

아무 말 대잔치 _청문회

모릅니다.
본 적 없습니다.
기억나지 않습니다.
그런 적 없습니다.
아닙니다.

최순실,
국정농단,
블랙리스트,
세월호 7시간
….

우리는 알 것 같은데
왜 당신들은 모른다고 하는 걸까?

증거 인멸

#손바닥으로 #하늘을가려라

대한민국의 아픈 손가락.
304명의 소중한 목숨.

이제
잘못했다고
말해요.

제발
미안하다고
말해요.

이번 역은 탄핵역입니다

#나 #정말 #여기서 #내려야해?

"재판관 전원의 일치된 의견으로 주문을 선고합니다. 피청구인 대통령 박근혜를 파면한다."

맹목

#태극기집회에 #성조기이스라엘기는 #왜등장하나요?

저기… 어느 나라 분이세요?

4대천왕

#더불어민주당대선경선주자 #정치아이돌 #아이눈부셔

잃어버린 10년을 되찾기 위한
뜨거운 남자들의 정치 느와르!
같은 것을 꿈꾸는 상남자들의 결투가 시작된다!
국민 평론가 평점 5점!
국민 박스오피스 1위!

coming soon!

오늘부터 1일 _아름다운 구속

#이말에 #설레지마

처음이야 내가~
드디어 내가~
사랑(邪歟)에 나 빠져버렸어~
♪♬

막간 한자 공부

邪 : 간사할 '사'
歟 : 탐낼 '랑'

근혜 공식

#진실은 #밝혀진다

근혜가 내려가니
세월호가 올라오는구나.

MOON
WALK

Moon Walk

#더불어민주당 #제19대대통령후보자경선결과

호남권 경선 득표율 60.20%
충청권 경선 득표율 47.80%
영남권 경선 득표율 64.7%
수도권·강원·제주 득표율 56.0%

기호 3번 문재인 후보 압승!
문워크는 계속된다!

복기

#부드러운카리스마 #냉정한자기성찰

사람 사는 세상을 만들기 위해 다시 도전하는 사람.
지난 대선 과정을 수없이 복기하며 패인을 돌아보고
더 나은 방법을 모색한 준비된 사람.

Remember 0416

#세월호 #잊지않겠습니다

세월호 3주기.
추악한 진실을 꼭 밝혀내겠습니다.
너무 오래 기다리게 해서
미안합니다.

파파미 _함께하다

#함께하는일이 #최선이라생각합니다

2014년 광화문,
세월호 유가족 '유민 아빠' 김영호 씨 단식 37일째, 건강 적신호….

그를 살려야 한다는 생각에 광화문을 찾았다가
단식 투쟁의 뜻을 굽히지 않는 그의 곁에서
동조 단식에 들어간 문재인 의원.

함께한다는 것 하나만으로도
힘이 된다는 걸 아는 사람.

아무 말 대잔치 __대선 토론

#대선패배하면 #강에뛰어든다던사람 #누구였지?

안 : 제가 MB 아바타입니꽈?

홍 : 내 롤모델은 박정희.

유 : 북한은 우리나라 주적인가?

그렇게 살지 마

12인의아해가자유한국당으로질주하오.

(길은막다른골목이적당하오.)

여론 조작

#가짜뉴스 #조사하면다나와

아직도 국민들이 모른다고 착각하지 마라!

국민 기록물

30년까지 국익, 안보 등을 이유로 봉인한다.

봉인

#대통령기록물봉인 #민변이취소소송추진중이라던데

대통령 지정 기록물로 봉인된
문서의 목록조차 다시 봉인하다니…
숨길 게 그리 많은 걸까?

TIME

#아시아판이니까 #한글이겠지 #생각한사람 #손들어

대한민국 베스트셀러.

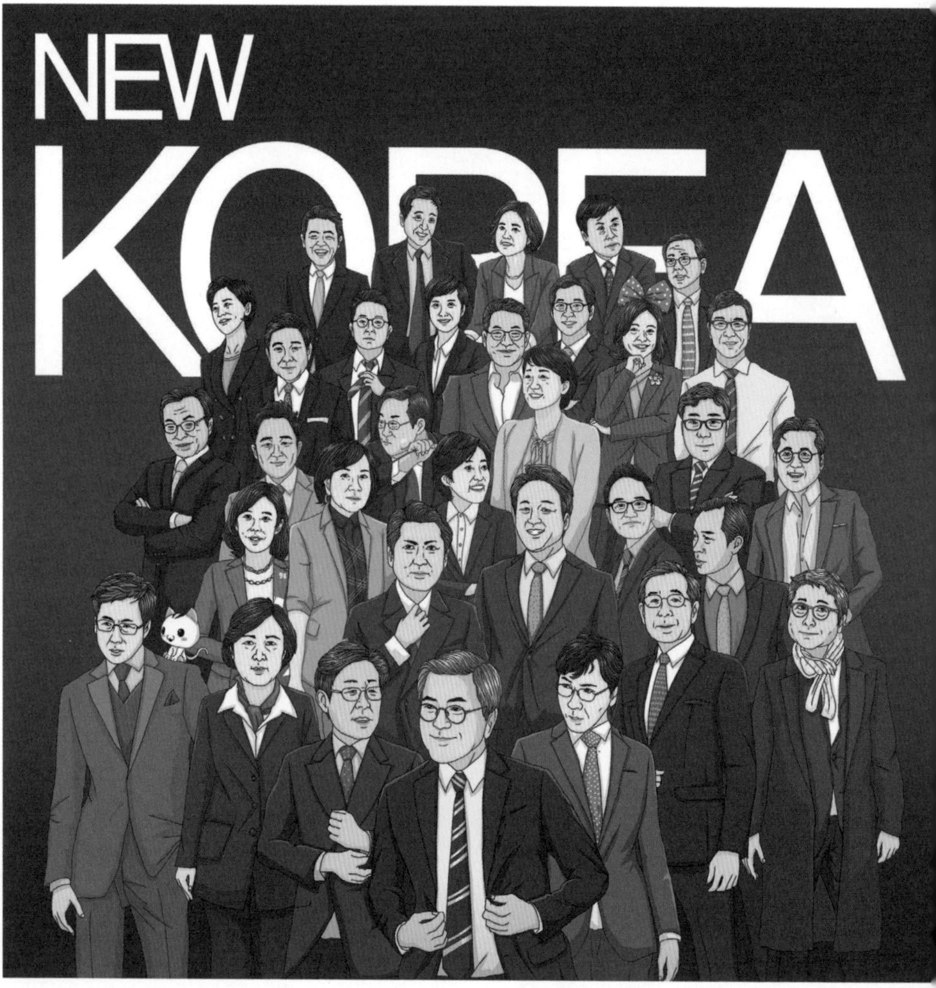
NEW
KOREA

NEW KOREA

#더불어민주당 #파이팅 #달님과함께해주세요

새로운 대한민국을 위한 파란 물결!
당신들이 있어 든든합니다!

청산

#파란올일으키자패러디 #이명박근혜아웃 #속시원하다

그들 위로
정권 교체, 적폐청산의 푸른 그림자가
드리워지다.

대수술

#대한민국을 #다시살리는길

혹시라도
투표 도장 번질까봐
투표 용지 세로로 접으신 분
많으시죠?

아이언문

#믿고보는 #히어로

대한민국을 다시 뛰게 할 심장.

오늘부터 1일 __제19대 문재인 대통령 당선

"위대한 국민들의 위대한 승리입니다! 위대한 대한민국, 정의로운 대한민국, 자랑스러운 대한민국, 당당한 대한민국, 그 대한민국의 자랑스러운 대통령이 되겠습니다."

스마일

#보기만해도흐뭇한 #한편으론아련한

이보다 더 좋을 순 없다!

대통령은 운명이다

#나라다운나라 #상식이통하는나라 #적폐청산된나라

10년 만의 정권 교체.
환영합니다, 대한민국 제19대 문재인 대통령님.
앞으로 5년, 결코 쉽지 않을 길을 걸으시겠죠.
이번에는 당신을 꼭 지켜드리겠습니다.

Part 2

완전히 새로운 대한민국

MOON LIGHT
문재인으로 빛나다.

Moon Light

"사랑하고 존경하는 국민 여러분, 5월 10일 오늘 대한민국이 다시 시작합니다. 나라를 나라답게 만드는 대 역사가 시작됩니다. 이 길에 함께해주십시오. 저의 신명을 바쳐 일하겠습니다."

특종

#비교하지 #않을수가없네

문재인 대통령 취임 3시간 만에
박근혜 전 대통령 4년분 이상의 소통을 하다!

꽃보다 청화(花)대

#이런느낌 #처음이야

찍을 때마다 화보.
이거 혹시 증세 없는 안구 복지?

사이다 외교

#이틀만에 #국민답답증 #사라져

TO, 트럼프   코리아 패싱 No! 최대한 빨리 만나자.

TO, 시진핑   사드 보복 No! 우리 기업의 어려움 해결해달라.

TO, 아 베   위안부 합의 No! 우리 국민 대다수가 이 합의를 정서적으로
수용하지 못한다.

이렇게 당당하게 말할 수 있던 걸
그동안 왜 못했을까?

공약 배달부

#인천공항비정규직 #정규직화 #멋짐주의

국민께 약속드린
공약을 배달합니다.
우선 제1호 업무 지시,
일자리 창출부터
시작합니다.

이니&수기 캐미

#당선첫주말 #대통령은털털하게산행 #영부인은시민에게식사대접 #부창부수

요즘 이 커플 보면 설레는 거,
나만 그런 거야?

미사일 밀당

#관종 #어린애발상 #그러다쪽박

밀당도, 간보기도
상대를 봐가면서 해야 한다.

스승의 날

#세월호기간제교사 #순직처리

세월호 희생자 김초원 선생님의 부친.
3년을 내리 울어 성대가 녹아내렸다는 그에게
문재인 대통령이 건넨 말.

"울지 마세요. 3년 동안 힘들었던 몸과 마음을 이제 추스르시고 열심히
살아주세요. 정부가 당연히 해야 할 일을 하지 못한 것이기에 우리가
감사받을 일 아닙니다."

아, 이제야 무언가가 제자리를 찾아가는 기분이다.

파파미 _눈높이에서

#아이돌 #부럽지않아요

대통령 아저씨!
사인해주세요!

^^

이 장면 너무 훈훈해.

기레기

#기자님들아 #뭐가문제입니까 #왜그러는겁니까

'비판적 지지'가 무엇인지
다시 공부하셔야겠네.

임을 위한 행진곡

#노래한곡도무서워서 #금지시켰던 #이명박근혜정부

사랑도 명예도 이름도 남김없이
한평생 나가자던 뜨거운 맹세
동지는 간데없고 깃발만 나부껴
새날이 올 때까지 흔들리지 말자

세월은 흘러가도 산천은 안다
깨어나서 외치는 뜨거운 함성
앞서서 나가니 산자여 따르라
앞서서 나가니 산자여 따르라

파파미 __진심

#대통령행사가 #이렇게감동스러운거였나

문재인 대통령을 보며 감동하는 이유는
그가 보여주는 '진심' 때문이다.
서러웠을 누군가를 안아줄 때,
아팠을 누군가를 위해 울어줄 때
내가 위로받는 기분이 드는 이유 역시
그가 보여주는 '진심' 때문이다.

낡은 구두

#청각장애인들이만든 #아지오수제구두

Q. 대통령의 구두가 낡은 이유는 무엇일까요?

① 적폐 청산을 위해 동분서주하느라.
② 히말라야를 등반하느라.
③ 풍산개 마루와 산책하느라.
④ 김정숙 여사님과 데이트하느라.
⑤ 원래 처음부터 낡은 구두라.

문템 신드롬

#사려고보면 #완판 #나도좀사자 #문빠님들아

커피,
잡지,
도서,
달력,
넥타이,
키링,
등산복,
이모티콘,
안경
…

문재인 굿즈의 고공행렬.
이거야말로 창조경제.

검찰은 공사 중

#국민의열망 #검찰개혁

서울중앙지검장에 윤석열 검사가 임명됐을 당시,
브리핑실에 있던 기자들이 탄성을 지른 이유.

1980년 5·18 민주화운동 유혈 진압과 관련한 모의재판에 검사로 출연,
당시 대통령이었던 전두환에게 '사형'을 구형한 인물이라서.
2013년 국가정보원 댓글 사건 수사하다가 좌천되어 여주, 대구,
대전으로 떠돌았던 검사라서.
2016년 최순실 국정농단 특검팀의 수사팀장이라서.

윤석열 지검장님,
지금까지 보여줬던 정의로움과 패기로
새로운 검찰을 만들어주세요!

한류 대통령

중국 웨이보 문재인 대통령 팬클럽 회원 6만 명 돌파!
미국 온라인 매체 '하티스트 헤즈 오브 스테이트'가 뽑은
'전 세계 가장 잘생긴 국가원수'에 문재인 대통령 7위!

이러다 해외 순방이
해외 팬미팅 되는 거 아닌지 몰라.

퍼스트 애니멀

#동물은사랑입니다 #사지말고입양

찡찡아,
마루야,
토리야,
청와대는 어떠니?

나는 너희들이 부럽다.

4대강 사업 정책 감사 지시

#녹조라떼 #환경오염 #돈ㅈㄹ

달이 차오른다, 가자!

4대강 사업 정책 감사 결과

#설마설마했는데 #이럴줄이야

녹조 라떼가 생긴 이유,
왜 그런지 아시겠쥬?

이름

#노무현대통령8주기추도식 #시종일관뭉클

노무현,
이름만 불러도
목이 메입니다.

잘 계시죠?

#독백같은연설 #마음이다느껴져요

"노무현 대통령님, 당신이 그립습니다.
보고 싶습니다. 하지만 저는 앞으로 임기 동안
대통령님을 가슴에만 간직하겠습니다.
현직 대통령으로서 이 자리에 참석하는 것은
오늘이 마지막일 것입니다. 이제 당신을 온전히
국민께 돌려드립니다. 반드시 성공한 대통령이
되어 임무를 다한 다음 다시 찾아뵙겠습니다.
그때 다시 한 번, 당신이 했던 그 말,
'야, 기분 좋다!' 이렇게 환한 웃음으로
반겨주십시오."

파파미 _상담료는 받지 않습니다

#전설의시작 #예나지금이나 #사람중심

노동법률사무소는
여러분의 땀과 눈물과 기쁨 속에 항상 함께 있고 싶습니다.
억울한 일을 당하고도 법을 잘 모르거나
돈이 없어 애태우는 근로자 여러분을 돕고자 하니
어려운 일이 있으면 주저 없이 상담 문의 바랍니다.
상담료는 받지 않습니다.

__ 노무현·문재인 법률사무소 홍보지 내용 중

초지일관

#5월23일 #박근혜첫재판 #국민들이지켜보고있다

참, 한결같은 사람.
앞으로도 안녕히 주무세요.

광화문 1번가 오픈

#대한민국최초온라인정책제안플랫폼 #나라를나라답게 #국민과함께

함께 머리를 맞대도 모자랄 참모들에게
"대면 보고, 꼭 필요한가요?"라고 말했던 높았던 분,
보고 있나?

식샤를 합시다

#첫수석보좌관회의 #특수활동비대수술예고

"공식 회의를 위한 식사 외에 개인적인 가족 식사 등을 위한 비용은
사비로 결제하겠습니다."

대통령 지지율 사상 최고

#바른정당이혜훈의원도한마디 #문재인대통령너무잘해서무서울정도

5월 29일, CBS 리얼미터 발표.
문재인 대통령 지지율 84.1%로
사상 최고 기록!

아이러니

#이름만바꾸면 #다되는줄아나봐

6월 2일, 한국갤럽 발표.
자유한국당 지지율 8%.
사상 최저 기록!

이런 정당이
국회 의석 299석 중
107석을 갖고 있다.

아이러니 중 아이러니.

진상 조사

#군통수권자도모르게 #사드반입 #구속감아닌가

진상들 조사!

새로운 유행어 __이니 하고 싶은 거 다 해

#노무현대통령처럼 #문재인대통령을잃을순없어

국민을 믿고 지켜주는 대통령은
국민이 믿고 지켜줘야 한다는 걸
8년 전에도 알았더라면….

새로운 유행어 __이게 다 야당 때문이다

#역사는돌고돈다 #당신들이이말들을줄은몰랐겠지

그림이 잘 그려지지 않는다.
이게 다 야당 때문이다.

국정 교과서 아웃

한 사회가 어떤 역사를 쓰느냐,
어떤 역사를 쓰지 않느냐 하는 것보다
더 그 사회의 성격을 뜻깊게 암시하는 것은 없다.

＿ 역사학자 E.H.카

파파미 _같이 가자

#파도파도 #미담은 #계속된다

고교 1학년 소풍날,
다리가 불편한 친구 A와 속도를 맞춰 걷다가
A가 산행을 포기하자
말없이 등을 내어준
까까머리 문재인.

늦더라도 주변을 돌아보며
도움이 필요한 이들과 함께하는 그의 행보는
예나 지금이나 변함이 없다.

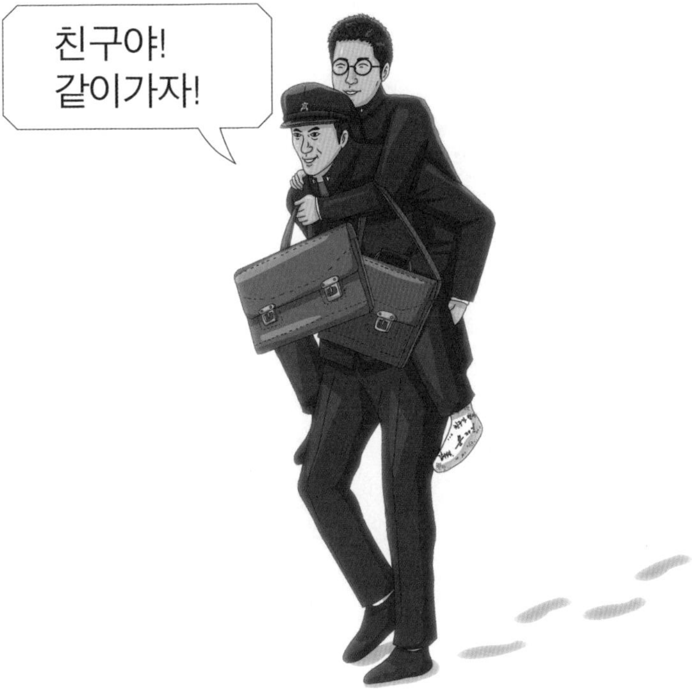
친구야!
같이가자!

Part 3

문워크는 계속된다

하트

#이낙연총리임명식 #허리숙여인사하는대통령 #칙오

어서오세요,
문재인 정부입니다.
낮은 자리에서 국민과 소통하며
존경받는 총리가 되어주세요.

애국의 지평

#현충일추념사 #대통령연설을 #손꼽아기다리며 #듣게될줄이야

"저는 오늘, 조국을 위한 헌신과 희생은 독립과 호국의 전장에서만
있었던 것이 아니었음을 여러분과 함께 기억하고자 합니다.
이역만리 낯선 땅 독일에서 조국 근대화의 역군이 되어준 파독 광부,
파독 간호사, 청계천변 다락방 작업장에서 젊음을 바친 여성노동자,
5·18과 6월 항쟁의 민주주의 현장에 있던 민주열사들. 애국하는 방법은
달랐지만, 그 모두가 애국자였습니다."

민주주의

"우리는 6월 항쟁을 통해 주권자 국민의 힘을 배웠습니다.
촛불혁명을 통해 민주공화국을 실천적으로 경험했습니다.
6월의 시민은 독재를 무너뜨렸고 촛불시민은 민주사회가
나아갈 방향과 의제를 제시했습니다. 촛불은 미완의 6월 항쟁을
완성시키라는 국민의 명령이었습니다."

발목당

#야당의 #반대를위한반대 #지긋지긋해

들리세요?
발목을 잡으면 잡을수록
지지율 떨어지는 소리가?

가방이 낡은 이유

#공정거래위원장에 #김상조임명

퍽, 퍽, 퍽.
아우, 듣기만 해도 속이 시원해!

파파미 __검은 비닐봉지

#청렴한정치인 #문재인의 #미담

2003년, 노무현 정부의 민정수석 자리를 맡기 위해
부산에서 서울로 올라오던 문재인의 손에 들려 있던 건
속옷과 양말이 담긴 검은 비닐봉지 하나.

지지의 이유

#왜 #죄없는분들이 #고통받아야하나요

강경화 외교부장관님,
위안부 할머니들을
꼭 지켜주세요.

내가 꺼내줄게

#고리1호기영구정지 #안전한나라에서살권리

우리 아이들은
더 안전한 세상에서
살아가야 합니다.

입만 열면 모순

#김정재자유한국당의원님 #누굴조진다고요?

저기요, 문자 폭탄 보내지 말라면서요?

고맙습니다

#한국전쟁 #노병은죽지않는다

"영웅들이 있기에 오늘 우리가 우리답게 살아갈 수 있습니다. 특별한
존경과 감사의 인사를 노병들께 바칩니다."

고요 속의 외침

#가족오락관 #평행이론

기레기,
정말로,
문제다.

소오름

#큰집사는 #최순실 #욕심도많아

최순실 재산몰수특별법 응원합니다.

세탁

#파도파도 #밉상

말 세탁은 했는데…
입에서 나오는 말 세탁은 못 했구나.

히든채용

#블라인드채용 #일자리정책 #청년지킴이

기회는 평등해야 합니다.

꼬리 자르기

#국민의당 #대선공작게이트 #전혀모르는일이었다니 #비겁한변명이십니다

최악의 리더 = 달면 삼키고 쓰면 뱉는 사람

MB 아바타 인증

#BBK덮어주기 #있기없기?

MB와 BBK 사건이 재조명되려던 찰나,
국민의당 대선공작게이트가 딱 터져버렸네.
어쩜 이렇게 아귀가 잘 맞는지!
이거… 혹시 우주의 기운인가?

청와대 앞길

#열린청와대 #열린경호 #열린마음

50년 만에 청와대 앞길이 24시간 전면 개방됐다.
국민의 길을 국민에게 돌려준다는 대통령의 생각이
그동안 얼마나 하기 힘든 발상이었는지
굳이 말하지 않아도 될 듯.

국가대표

#미국순방길 #공항패션 #당당한대한민국

다시 태극기가 자랑스러워졌습니다.

정상이 비정상을 대하는 자세

#한미정상회담 #쥬라기공원 #패러디

아무리 강한 상대라도
무력화시킬 수 있는
마성의 주MOON!

두 대통령의 방미 풍경 비교

#미국문꿀오소리에 #트럼프추가요

문재인 '환영합니다' '이제 꽃길만 걷자' 등
　　　　교민들, 연일 웃음의 피켓 축제 벌여.

박근혜 '물러나라' '세월호 책임져라' 등
　　　　교민들, 연일 분노의 피켓 시위 벌여.

우리 정말 잘 어울려요

#오바마방한 #뜻깊은악수

민주주의의 상징이 된 두 남자의 만남.

파파미 __눈물

#네팔인 #벅터람이전한 #파파미 #재구성

"네팔 지진 지역을 찾은 문재인.
산사태와 눈사태로 사라져버린 마을,
아직도 250여 명이 묻혀 있는 벌판 앞에서
그는 눈물을 흘리며 나무를 심었다.
문재인, 그가 대통령이 된다면
한국 사람은 행복할 것 같다고 생각했다."

메소드 연기

#자유한국당대표 #진심이보이지않으면 #국민은믿지않는다

그가 돌아왔다.
돌아와서 감자를 캐러 갔다.
감자를 캐러 가서 덥다고 투정을 부렸다.
덥다고 투정을 부리다가 1시간 만에 "이제 다 했잖아."를 연발했다.

에휴, 그럼 그렇지.
정치 쇼와 정치 개혁이 엄연히 다르다는 걸
당신이 알 턱이 없지.

슈퍼문

#문대통령 #북한미사일발사에 #탄도미사일사격지시

국민을 지켜야 한다!

나 지금 울고 있냐

#송송커플결혼 #정신이번쩍

지금껏 무표정으로 일관해오던 그가
오열하기 시작했다.

나 지금 떨고 있냐

#국민칭얼당 #언제부터 #정치가 #떼쓰는일로 #바뀐걸까

요즘따라
(더더더더더욱)
야당 같은
야당 아닌
야당 같은 너.

파파미 __국민밖에 모르는 바보

#문재인대통령 #반기는 #독일교민

"대통령니임~!"
한마디면 마법처럼 그가 온다!

G20 GERMANY 2017
HAMBURG

굿잡

코리아패싱을 잠재울
한국발 문재인호의
기분 좋은 출발!

판도라의 상자

#청와대캐비닛 #문건발견

재용C,
이 캐비닛 추천합니다.
파로마!
파로마!
파로마!
파로마!
파로마!
파로마!
파로마!

판도라의 상자들

아직도 모르는 일이라고 할 텐가?

7530원

#2018년부터 #최저임금인상 #조금더살만해지기를

최저 임금 인상률 16.4%.
어? 이거 자유한국당 지지율보다 높은데!?

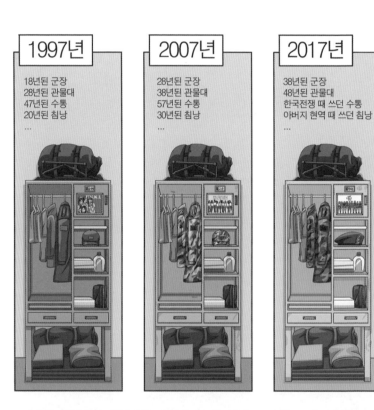

1997년

18년된 군장
28년된 관물대
47된 수통
20된 침낭
...

2007년

28년된 군장
38년된 관물대
57된 수통
30된 침낭
...

2017년

38년된 군장
48년된 관물대
한국전쟁 때 쓰던 수통
아버지 현역 때 쓰던 침낭
...

바뀐 것은 결국 군복과 걸그룹 사진뿐...

틀린 그림 찾기

#방산비리쇼 #진품명품

그 많던 국방 예산은
누가 다 먹었을까?

삼인사각 달리기

장화 하나도 제 손으로 신지 못하는데
서민 정치 어찌 하시렵니까?

낚시질

#줬다 #뺏었다 #줬다 #뺏었다

정말
참신한
ㅈㄹ.

국민소환제

#국민알기를 #개돼지로아는정치인 #몰아냅시다

우리 손으로 뽑은 정치인이 잘못하면
우리 손으로 리콜합시다!

나, 문재인

"국민의 서러운 눈물을 닦아드리는 대통령이 되겠습니다.
소통하는 대통령이 되겠습니다. 낮은 사람, 겸손한 권력이 되어
가장 강력한 나라를 만들겠습니다. 군림하고 통치하는 대통령이 아니라
대화하고 소통하는 대통령이 되겠습니다. 광화문 시대 대통령이 되어
국민과 가까운 곳에 있겠습니다. 따뜻한 대통령, 친구 같은 대통령으로
남겠습니다."

To be continued

#새로운 #대한민국은 #계속된다

우리의 아름다운 혁명은 계속될 것입니다.

문재인 대통령 연설문

● 5·18 민주화운동 37주년 기념사

존경하는 국민 여러분!

오늘 5·18 민주화운동 37주년을 맞아, 5·18 묘역에 서니 감회가 매우 깊습니다. 37년 전 그날의 광주는 우리 현대사에서 가장 슬프고 아픈 장면이었습니다. 저는 먼저 80년 오월의 광주시민들을 떠올립니다. 누군가의 가족이었고 이웃이었습니다. 평범한 시민이었고 학생이었습니다. 그들은 인권과 자유를 억압받지 않는, 평범한 일상을 지키기 위해 목숨을 걸었습니다.

저는 대한민국 대통령으로서 광주 영령들 앞에 깊이 머리 숙여 감사드립니다. 오월 광주가 남긴 아픔과 상처를 간직한 채 오늘을 살고 계시는 유가족과 부상자 여러분께도 깊은 위로의 말씀을 전합니다.

1980년 오월 광주는 지금도 살아 있는 현실입니다. 아직도 해결되지 않은 역사입니다. 대한민국의 민주주의는 이 비극의 역사를 딛고 섰습니다. 광주의 희생이 있었기에 우리의 민주주의는 버티고, 다시 일어설 수 있었습니다. 저는 오월 광주의 정신으로 민주주의를 지켜주신 광주시민과 전남도민 여러분께 각별한 존경의 말씀을 드립니다.

존경하는 국민 여러분!

5·18은 불의한 국가권력이 국민의 생명과 인권을 유린한 우리 현대사의 비극이었습니다. 하지만 이에 맞선 시민들의 항쟁이 민주주의의 이정표를 세웠습니다. 진실은 오랜 시간 은폐되고, 왜곡되고, 탄압받았습니

다. 그러나 서슬 퍼런 독재의 어둠 속에서도 국민들은 광주의 불빛을 따라 한 걸음씩 나아갔습니다. 광주의 진실을 알리는 일이 민주화운동이 되었습니다. 부산에서 변호사로 활동하던 저도 다르지 않았습니다.

저 자신도 5·18 때 구속된 일이 있었지만 제가 겪은 고통은 아무것도 아니었습니다. 광주의 진실은 저에게 외면할 수 없는 분노였고, 아픔을 함께 나누지 못했다는 크나큰 부채감이었습니다. 그 부채감이 민주화운동에 나설 용기를 주었습니다. 그것이 저를 오늘 이 자리에 서기까지 성장시켜준 힘이 됐습니다.

마침내 오월 광주는 지난겨울 전국을 밝힌 위대한 촛불혁명으로 부활했습니다. 불의에 타협하지 않는 분노와 정의가 그곳에 있었습니다. 나라의 주인은 국민임을 확인하는 함성이 그곳에 있었습니다. 나라를 나라답게 만들자는 치열한 열정과 하나 된 마음이 그곳에 있었습니다.

저는 이 자리에서 감히 말씀드립니다.

새롭게 출범한 문재인 정부는 광주 민주화운동의 연장선 위에 서 있습니다. 1987년 6월 항쟁과 국민의 정부, 참여정부의 맥을 잇고 있습니다.

저는 이 자리에서 다짐합니다.

새 정부는 5·18 민주화운동과 촛불혁명의 정신을 받들어 이 땅의 민주주의를 온전히 복원할 것입니다. 광주 영령들이 마음 편히 쉬실 수 있도록 성숙한 민주주의 꽃을 피워낼 것입니다.

여전히 우리 사회의 일각에서는 오월 광주를 왜곡하고 폄훼하려는 시도가 있습니다. 용납될 수 없는 일입니다. 역사를 왜곡하고 민주주의를 부정하는 일입니다. 우리는 많은 사람들의 희생과 헌신으로 이룩된 이 땅의 민주주의의 역사에 자부심을 가져야 합니다.

새 정부는 5·18 민주화운동의 진상을 규명하는 데 더욱 큰 노력을 기울일 것입니다. 헬기 사격까지 포함하여 발포의 진상과 책임을 반드시 밝혀내겠습니다. 5·18 관련 자료의 폐기와 역사왜곡을 막겠습니다. 전남도 청 복원 문제는 광주시와 협의하고 협력하겠습니다. 완전한 진상규명은 결코 진보와 보수의 문제가 아닙니다. 상식과 정의의 문제입니다. 우리 국 민 모두가 함께 가꾸어야 할 민주주의의 가치를 보존하는 일입니다.

5·18 정신을 헌법 전문에 담겠다는 저의 공약도 반드시 지키겠습니다. 광주정신을 헌법으로 계승하는 진정한 민주공화국 시대를 열겠습니다. 5·18 민주화운동은 비로소 온 국민이 기억하고 배우는 자랑스러운 역사 로 자리매김될 것입니다. 5·18 정신을 헌법 전문에 담아 개헌을 완료할 수 있도록 이 자리를 빌려서 국회의 협력과 국민 여러분의 동의를 정중히 요청드립니다.

존경하는 국민 여러분!

'임을 위한 행진곡'은 단순한 노래가 아닙니다. 오월의 피와 혼이 응축 된 상징입니다. 5·18 민주화운동의 정신, 그 자체입니다. '임을 위한 행진 곡'을 부르는 것은 희생자의 명예를 지키고 민주주의의 역사를 기억하겠 다는 것입니다. 오늘 '임을 위한 행진곡'의 제창은 그동안 상처받은 광주 정신을 다시 살리는 일이 될 것입니다. 오늘의 제창으로 불필요한 논란이 끝나기를 희망합니다.

존경하는 국민 여러분!

2년 전, 진도 팽목항에 5·18의 엄마가 4·16의 엄마에게 보낸 펼침막이 있었습니다. "당신 원통함을 내가 아오. 힘내소. 쓰러지지 마시오."라는 내용이었습니다. 국민의 생명을 짓밟은 국가와 국민의 생명을 지키지 못 한 국가를 통렬히 꾸짖는 외침이었습니다. 다시는 그런 원통함이 반복되 지 않도록 하겠습니다. 국민의 생명과 사람의 존엄함을 하늘처럼 존중하겠습니다. 저는 그것이 국가의 존재가치라고 믿습니다.

저는 오늘, 오월의 죽음과 광주의 아픔을 자신의 것으로 삼으며 세상에 알리려 했던 많은 이들의 희생과 헌신도 함께 기리고 싶습니다. 1982년 광주교도소에서 광주 진상규명을 위해 40일간의 단식으로 옥사한 스물아홉 살, 전남대생 박관현. 1987년 '광주사태 책임자 처벌'을 외치며 분신 사망한 스물다섯 살, 노동자 표정두. 1988년 '광주학살 진상규명'을 외치며 명동성당 교육관 4층에서 투신 사망한 스물네 살, 서울대생 조성만. 1988년 '광주는 살아 있다' 외치며 숭실대 학생회관 옥상에서 분신 사망한 스물다섯 살, 숭실대생 박래전.

수많은 젊음들이 5월 영령의 넋을 위로하며 자신을 던졌습니다. 책임자 처벌과 진상규명을 촉구하기 위해 목숨을 걸었습니다. 국가가 책임을 방기하고 있을 때, 마땅히 밝히고 기억해야 할 것들을 위해 자신을 바쳤습니다. 진실을 밝히려던 많은 언론인과 지식인들도 강제해직되고 투옥당했습니다.

저는 오월의 영령들과 함께 이들의 희생과 헌신을 헛되이 하지 않고 더이상 서러운 죽음과 고난이 없는 대한민국으로 나아가겠습니다. 참이 거짓을 이기는 대한민국으로 나아가겠습니다.

광주시민들께도 부탁드립니다. 광주정신으로 희생하며 평생을 살아온 전국의 5·18들을 함께 기억해주십시오. 이제 차별과 배제, 총칼의 상흔이 남긴 아픔을 딛고 광주가 먼저 정의로운 국민통합에 앞장서주십시오. 광주의 아픔이 아픔으로 머무르지 않고 국민 모두의 상처와 갈등을 품어안을 때, 광주가 내민 손은 가장 질기고 강한 희망이 될 것입니다.

존경하는 국민 여러분!

오월 광주의 시민들이 나눈 '주먹밥과 헌혈'이야말로 우리의 자존의 역

사입니다. 민주주의의 참모습입니다. 목숨이 오가는 극한 상황에서도 절
제력을 잃지 않고 민주주의를 지켜낸 광주정신은 그대로 촛불광장에서
부활했습니다. 촛불은 5·18 민주화운동의 정신 위에서 국민주권시대를
열었습니다. 국민이 대한민국의 주인임을 선언했습니다.

문재인 정부는 국민의 뜻을 받드는 정부가 될 것임을 광주 영령들 앞
에 천명합니다. 서로가 서로를 위하고 서로의 아픔을 어루만져주는 대한
민국이 새로운 대한민국입니다. 상식과 정의 앞에 손을 내미는 사람들이
많아질수록 숭고한 5·18 정신은 현실 속에서 살아 숨 쉬는 가치로 완성
될 것입니다.

다시 한 번 삼가 5·18 영령들의 명복을 빕니다.

감사합니다.

2017. 05. 18

● 노무현 대통령 추도식 인사말

　8년의 세월이 흘렀는데도, 이렇게 변함없이 노무현 대통령과 함께해주셔서, 무어라고 감사 말씀 드릴지 모르겠습니다. 제가 대선 때 했던 약속, 오늘 이 추도식에 대통령으로 참석하겠다고 한 약속을 지킬 수 있게 해주신 것에 대해서도 깊이 감사드립니다. 노무현 대통령님도 오늘만큼은, 여기 어디에선가 우리들 가운데서, 모든 분들께 고마워하면서, "야, 기분 좋다!" 하실 것 같습니다.

　애틋한 추모의 마음이 많이 가실 만큼 세월이 흘러도, 더 많은 사람들이 노무현의 이름을 부릅니다. 노무현이란 이름은 반칙과 특권이 없는 세상, 상식과 원칙이 통하는 세상의 상징이 되었습니다. 우리가 함께 아파했던 노무현의 죽음은 수많은 깨어 있는 시민들로 되살아났습니다. 그리고 끝내 세상을 바꾸는 힘이 되었습니다.

　저는 요즘 국민들의 과분한 칭찬과 사랑을 받고 있습니다. 제가 뭔가 특별한 일을 해서가 아닙니다. 그냥, 정상적인 나라를 만들겠다는 노력, 정상적인 대통령이 되겠다는 마음가짐이 특별한 일처럼 되었습니다. 정상을 위한 노력이 특별한 일이 될 만큼 우리 사회가 오랫동안 심각하게 비정상으로 병들어 있었다는 뜻입니다.

　노무현 대통령님의 꿈도 다르지 않았습니다. 민주주의와 인권과 복지가 정상적으로 작동하는 나라, 지역주의와 이념갈등, 차별의 비정상이 없는 나라가 그의 꿈이었습니다. 그런 나라를 만들기 위해, 대통령부터 먼저 초법적인 권력과 권위를 내려놓고, 서민들의 언어로 국민들과 소통하

고자 노력했습니다.

그러나 이상은 높았고, 힘은 부족했습니다. 현실의 벽을 넘지 못했습니다. 노무현의 좌절 이후 우리 사회, 특히 우리의 정치는 더욱 비정상을 향해 거꾸로 흘러갔고, 국민의 희망과 갈수록 멀어졌습니다.

하지만 이제 그 꿈이 다시 시작됐습니다. 노무현의 꿈은 깨어 있는 시민의 힘으로 부활했습니다. 우리가 함께 꾼 꿈이 우리를 여기까지 오게 했습니다.

이제 우리는 다시 실패하지 않을 것입니다. 우리는 이명박, 박근혜 정부뿐 아니라, 김대중, 노무현 정부까지, 지난 20년 전체를 성찰하며 성공의 길로 나아갈 것입니다.

우리의 꿈을, 참여정부를 뛰어넘어 완전히 새로운 대한민국, 나라다운 나라로 확장해야 합니다. 노무현 대통령님을 지켜주지 못해 미안한 마음을 이제 가슴에 묻고, 다 함께 나라다운 나라를 만들어봅시다. 우리가 안보도, 경제도, 국정 전반에서 훨씬 유능함을 다시 한 번 보여줍시다.

저의 꿈은 국민 모두의 정부, 모든 국민의 대통령입니다. 무엇보다 중요한 것은 국민의 손을 놓지 않고 국민과 함께 가는 것입니다. 개혁도, 저 문재인의 신념이기 때문에, 또는 옳은 길이기 때문에 하는 것이 아니라, 국민과 눈을 맞추면서, 국민이 원하고 국민에게 이익이기 때문에 하는 것이라는 마음가짐으로 나가겠습니다.

국민이 앞서가면 더 속도를 내고, 국민이 늦추면 소통하면서 설득하겠습니다. 문재인 정부가 못다 한 일은 다음 민주정부가 이어나갈 수 있도록 단단하게 개혁해나가겠습니다.

노무현 대통령님, 당신이 그립습니다. 보고 싶습니다. 하지만 저는 앞으로 임기 동안 대통령님을 가슴에만 간직하겠습니다. 현직 대통령으로서 이 자리에 참석하는 것은 오늘이 마지막일 것입니다.

이제 당신을 온전히 국민께 돌려드립니다. 반드시 성공한 대통령이 되어 임무를 다한 다음 다시 찾아뵙겠습니다.

그때 다시 한 번, 당신이 했던 그 말, "야, 기분 좋다!" 이렇게 환한 웃음으로 반겨주십시오.

다시 한 번 참석해주신 여러분께 감사드리고, 꿋꿋하게 견뎌주신 권양숙 여사님과 유족들께도 위로 말씀을 드립니다.

감사합니다.

2017. 05. 23

● 제62회 현충일 추념사

존경하는 국민 여러분, 국가 유공자와 유가족 여러분!

예순두 번째 현충일을 맞아 나라를 위해 희생하신 분들의 거룩한 영전 앞에 깊이 고개 숙입니다. 가족을 조국의 품에 바치신 유가족 여러분께 위로와 감사의 말씀을 드립니다. 국가 유공자 여러분께 충심으로 경의를 표합니다.

저는 오늘 이곳 현충원에서 '애국'을 생각합니다. 우리 국민의 애국심이 없었다면 지금의 대한민국도 없었을 것입니다. 식민지에서 분단과 전쟁으로, 가난과 독재와의 대결로, 시련이 멈추지 않은 역사였습니다. 애국이 그 모든 시련을 극복해냈습니다. 지나온 100년을 자랑스러운 역사로 만들었습니다.

존경하는 국민 여러분!

대한민국이라는 국호를 지킨 것은 독립운동가들의 신념이었습니다. 항일의병부터 광복군까지 국권회복과 자주독립의 신념이 태극기에 새겨졌습니다. 살이 찢기고 손발톱이 뽑혀나가면서도 가슴에 태극기를 품고 조국을 버리지 않았습니다. 독립운동가를 키우고, 독립운동을 지원하며 나라 잃은 설움을 굳건하게 살아냈습니다. 그것이 애국입니다.

독립운동가와 그 후손들이 국가의 예우를 받기까지는 해방이 되고도 오랜 시간이 걸렸습니다. 그러나 독립운동을 하면 3대가 망하고 친일을 하면 3대가 흥한다는 뒤집힌 현실은 여전합니다. 독립운동가의 후손들이 겪고 있는 가난의 서러움, 교육받지 못한 억울함, 그 부끄럽고 죄송스런 현실을 그대로 두고 나라다운 나라라고 할 수 없습니다. 애국의 대가가 말뿐인 명예로 끝나서는 안 됩니다. 독립운동가 한 분이라도 더, 그분의 자손들 한 분이라도 더, 독립운동의 한 장면이라도 더, 찾아내겠습니다. 기억하고 기리겠습니다. 그것이 국가가 해야 할 일입니다.

38선이 휴전선으로 바뀌는 동안, 목숨을 바친 조국의 아들들이 있었습니다. 전선을 따라 늘어선 수백 개의 고지마다 한 뼘의 땅이라도 더 찾고자 피 흘렸던 우리 국군이 있었습니다. 그들의 짧았던 젊음이 조국의 땅을 넓혔습니다.

전선을 지킨 것은 군인만이 아니었습니다. 태극기 위에 위국헌신을 맹세하고 후방의 청년과 학생들도 나섰습니다. 주민들은 지게를 지고 탄약과 식량을 날랐습니다. 그것이 애국입니다.

철원 '백마고지', 양구 '단장의 능선'과 '피의 능선', 이름 없던 산들이 용사들의 무덤이 되었습니다. 전쟁의 비극이 서린, 슬픈 이름이 붙여졌습니다. 전우를 그곳에 남기고 평생 미안한 마음으로 살아오신 호국용사들에게 눈물의 고지가 되었습니다. 아직도 백골로 묻힌 용사들의 유해, 단 한 구의 유골이라도 반드시 찾아내 이곳에 모시겠습니다.

전장의 부상을 안고, 전우의 희생을 씻기지 않는 상처로 안은 채 살아가는 용사들, 그분들이 바로 조국의 아버지들입니다. 반드시 명예를 지켜드리겠습니다. 이념에 이용되지 않고 이 땅의 모든 아들딸들에게 존경받도록 만들겠습니다. 그것이 응당 국가가 해야 할 일입니다.

베트남 참전용사의 헌신과 희생을 바탕으로 조국경제가 살아났습니다. 대한민국의 부름에 주저 없이 응답했습니다. 폭염과 정글 속에서 역경을 딛고 묵묵히 임무를 수행했습니다. 그것이 애국입니다. 이국의 전쟁터에서 싸우다가 생긴 병과 후유장애는 국가가 함께 책임져야 할 부채입니다.

이제 국가가 제대로 응답할 차례입니다. 합당하게 보답하고 예우하겠습니다. 그것이 국가가 해야 할 일입니다.

존경하는 국민 여러분!

저는 오늘, 조국을 위한 헌신과 희생은 독립과 호국의 전장에서만 있었던 것이 아니었음을 여러분과 함께 기억하고자 합니다.

1달러의 외화가 아쉬웠던 시절, 이역만리 낯선 땅 독일에서 조국 근대화의 역군이 되어준 분들이 계셨습니다. 뜨거운 막장에서 탄가루와 땀으로 범벅이 된 채 석탄을 캔 파독 광부, 병원의 온갖 궂은일까지 견뎌낸 파독 간호사, 그분들의 헌신과 희생이 조국경제에 디딤돌을 놓았습니다. 그것이 애국입니다.

청계천변 다락방 작업장, 천장이 낮아 허리조차 펼 수 없었던 그곳에서 젊음을 바친 여성노동자들의 희생과 헌신에도 감사드립니다. 재봉틀을 돌리며 눈이 침침해지고, 실밥을 뜯으며 손끝이 갈라진 그분들입니다. 애국자 대신 여공이라고 불렸던 그분들이 한강의 기적을 일으켰습니다. 그것이 애국입니다.

이제는 노인이 되어 가난했던 조국을 온몸으로 감당했던 시절을 회상하는 그분들께 저는 오늘, 정부를 대표해서 마음의 훈장을 달아드립니다.

존경하는 국민 여러분, 국가 유공자와 유가족 여러분!

애국은 오늘의 대한민국을 있게 한 모든 것입니다. 국가를 위해 헌신한 한 분 한 분이 바로 대한민국입니다. 보수와 진보로 나눌 수도 없고, 나누어지지도 않는 그 자체로 온전히 대한민국입니다.

독립운동가의 품속에 있던 태극기가 고지 쟁탈전이 벌어지던 수많은 능선 위에서 펄럭였습니다. 파독 광부·간호사를 환송하던 태극기가 5·18

과 6월 항쟁의 민주주의 현장을 지켰습니다. 서해 바다를 지킨 용사들과 그 유가족의 마음에 새겨졌습니다. 애국하는 방법은 달랐지만, 그 모두가 애국자였습니다.

새로운 대한민국은 여기서 출발해야 합니다. 제도상의 화해를 넘어서, 마음으로 화해해야 합니다. 빼앗긴 나라를 되찾는 데 좌우가 없었고 국가를 수호하는 데 노소가 없었듯이, 모든 애국의 역사 한복판에는 국민이 있었을 뿐입니다.

저와 정부는 애국의 역사를 존중하고 지키겠습니다. 대한민국을 지키기 위해 공헌하신 분들께서 바로 그 애국으로, 대한민국을 통합하는 데 앞장서주시기를 간절히 부탁드립니다. 여러분들이 이 나라의 이념갈등을 끝내주실 분들입니다. 이 나라의 증오와 대립, 세대갈등을 끝내주실 분들도 애국으로 한평생 살아오신 바로 여러분들입니다.

무엇보다, 애국의 역사를 통치에 이용한 불행한 과거를 반복하지 않겠습니다. 전쟁의 후유증을 치유하기보다 전쟁의 경험을 통치의 수단으로 삼았던 이념의 정치, 편 가르기 정치를 청산하겠습니다.

존경하는 국민 여러분, 국가 유공자와 보훈가족 여러분!

저는 오늘, 이 자리에서 보훈이야말로 국민통합을 이루고 강한 국가로 가는 길임을 분명히 선언합니다. 그동안 우리의 보훈정책은 꾸준히 발전해왔습니다. 군사원호에서 예우와 보상으로, 호국 유공자에서 독립·민주 유공자, 공무수행 유공자까지 그 영역도 확대되어왔습니다. 국가 유공자로 모시지는 못했지만 그 뜻을 함께 기려야 할 군경과 공무원, 의인들을 예우하고 지원하는 제도도 마련해왔습니다. 그러나 아직도 그분들의 공적에는 많이 못 미칩니다. 국민의 상식과 눈높이에도 미치지 못합니다.

이제 한 걸음 더 나가겠습니다. 국회가 동의해준다면, 국가보훈처의 위상부터 강화하겠습니다. 장관급 기구로 격상하겠습니다. 국가 유공자와 보훈 대상자, 그 가족이 자존감을 지키며 살아가실 수 있도록 하겠습니다.

국가를 위해 헌신하면 보상받고 반역자는 심판받는다는 흔들리지 않는 믿음이 있어야 합니다. 그것이 국민이 애국심을 바칠 수 있는, 나라다운 나라입니다.

애국이 보상받고, 정의가 보상받고, 원칙이 보상받고, 정직이 보상받는 나라를 다 함께 만들어나갑시다.

개인과 기업의 성공이 동시에 애국의 길이 되는 정정당당한 나라를 다 함께 만들어나갑시다.

다시 한 번 순국선열, 호국영령, 민주열사의 애국헌신을 추모하며, 명복을 빕니다.

감사합니다.

2017. 06. 06

● 6·10 민주항쟁 30주년 기념사

　존경하는 국민 여러분, 오늘, 국민 여러분과 함께 6·10 민주항쟁 30주년을 기념하기 위해 광장에 서니 정말 감회가 새롭습니다. 스물이 안 된 청년부터 일흔의 원로까지, 제주에서 서울까지, 모두가 하나가 되고, 영남과 호남이 한 목소리로 외쳤던 함성, '호헌철폐, 독재타도', 그 뜨거웠던 구호가 지금도 귀에서 생생합니다.

　30년 전 6월, 우리는 위대한 국민이었습니다. 빗발치는 최루탄 앞에서도 꺾이지 않았던 청년학생들. 응원군에서 항쟁의 주역으로 변해간 넥타이 부대. 자동차 경적을 울리고, 손수건을 흔들고, 빵을 나눠주고, 전투경찰의 가슴에 평화의 꽃을 달아주었던 시민들. 그 모두가 역사의 주인공이었습니다.

　30년 전 6월, 우리는 국민이 승리하는 역사를 경험했습니다. 엄혹했던 군부독재에 맞서 불의에 대한 분노와 민주의 열망이 만들어낸 승리였습니다. 국민은 시대의 흐름을 독재에서 민주로 바꿔냈습니다. 대통령을 내 손으로 뽑을 권리, 국민이 정부를 선택할 권리를 되찾았습니다. 바위에 계란 치기 같았던 저항들이 끝내 거대한 흐름을 만들어낸, 너무도 위대하고 감격스러운 역사였습니다.

　대통령 직선제만이 아니었습니다. 6월 항쟁은 우리 사회에 광장을 열었습니다. 보도지침이 폐지되고, 언론과 시민은 말할 자유를 찾았습니다. 다양한 시민사회운동 조직이 생겼고, 억압되고 폐쇄되었던 민주주의의 공간을 확대했습니다. 민주주의가 아니었다면, 눈부신 경제발전도, 사회 각

분야의 다양성도, 문화와 예술도 꽃피지 못했을 것입니다. 지난 30년, 우리 사회가 이뤄온 모든 발전과 진보는 6월 항쟁에서 비롯되었습니다. 문재인 정부는 우리 국민들이 이룬 그 모든 성취를 바탕으로 출범했습니다. 그런 까닭에 저는 오늘, 6월 항쟁의 주역인 국민과 함께 30주년을 기념하게 된 것을 매우 뜻 깊고 영광스럽게 생각합니다.

문재인 정부는 6월 항쟁의 정신 위에 서 있습니다. 임기 내내 저 문재인은 대통령이라는 직책을 가진 국민의 한 사람임을 명심하겠습니다. 역사를 바꾼 두 청년, 부산의 아들 박종철과 광주의 아들 이한열을 영원히 기억하겠습니다. 항쟁을 이끌어주신 지도부, 87년 뜨거운 함성 속에서 함께 눈물 흘리고, 함께 환호했던 모든 분들께 감사와 존경의 인사를 드립니다.

존경하는 국민 여러분!

저는 오늘, 세계가 경탄하는 우리의 민주주의가 우리 국민 스스로 만들어낸 것이라는 사실이 무엇보다 자랑스럽습니다. 우리나라 민주주의의 시작은 해방과 함께 바깥으로부터 주어졌습니다. 그러나 오늘 우리의 민주주의를 이만큼 키운 것은 국민들이었습니다. 그 길에 4·19가 있었고, 부마항쟁이 있었고, 5·18이 있었고, 6월 항쟁이 있었습니다. 그리고 그 길은 지난겨울 촛불혁명으로 이어졌습니다. 촛불은 한 세대에 걸쳐 성장한 6월 항쟁이 당당하게 피운 꽃이었습니다.

우리는 6월 항쟁을 통해 주권자 국민의 힘을 배웠습니다. 촛불혁명을 통해 민주공화국을 실천적으로 경험했습니다. 6월의 시민은 독재를 무너뜨렸고 촛불시민은 민주사회가 나아갈 방향과 의제를 제시했습니다. 촛불은 미완의 6월 항쟁을 완성시키라는 국민의 명령이었습니다.

존경하는 국민 여러분!

우리 앞의 과제는 다시 민주주의입니다. '더 넓고, 더 깊고, 더 단단한 민주주의'를 만들어가야 합니다. 6월 항쟁으로 성취한 민주주의가 모든 국민의 삶에 뿌리내리도록 해야 합니다. 민주주의가 구체적인 삶의 변화로 이어질 때, 6월 항쟁은 살아 있는 현재이고 미래입니다.

민주주의는 제도이고, 실질적인 내용이며, 삶의 방식입니다. 저는 이 자리에서 약속드리고 제안합니다.

제도로서의 민주주의가 흔들리고 후퇴하는 일은 이제 없습니다. 문재인 정부에서 민주주의는 발전하고 인권은 확대될 것입니다. 모든 권력은 국민에게 있습니다. 헌법, 선거제도, 청와대, 검찰, 국정원, 방송, 국민이 위임한 권한을 운용하는 제도도 마찬가지입니다. 권력기관이 국민의 의사와 의지를 감시하고 왜곡하고 억압하지 않도록 만들겠습니다.

이제 우리의 새로운 도전은 경제에서의 민주주의입니다. 민주주의가 밥이고, 밥이 민주주의가 되어야 합니다. 소득과 부의 극심한 불평등이 우리의 민주주의를 위협하고 있습니다. 일자리 위기가 근본 원인입니다. 제가 일자리 대통령이 되겠다고 거듭거듭 말씀드리는 것은 극심한 경제적 불평등 속에서 민주주의는 형식에 지나지 않기 때문입니다. 일자리는 경제의 문제일 뿐 아니라 민주주의의 문제입니다.

그러나 정부의 의지만으로는 어렵습니다. 우리 사회가 함께 경제민주주의를 위한 새로운 기준을 세워야 합니다. 양보와 타협, 연대와 배려, 포용하는 민주주의로 가야 합니다. 대기업과 중소기업, 노동자, 시민사회 모두가 힘을 모아야 합니다.

6월 항쟁 30주년을 디딤돌 삼아 우리가 도약할 미래는 조금씩 양보하고, 짐을 나누고, 격차를 줄여가는 사회적 대타협에 있다고 저는 확신합니다. 결코 쉽지 않은 일이지만 반드시 해내야 할 과제입니다. 대통령과 정부가 할 수 있는 모든 노력을 다하겠습니다. 진정한 노사정 대타협을 위해 모든 경제주체의 참여를 당부드립니다.

누구나 성실하게 8시간 일하면 먹고사는 것 걱정 없어야 합니다. 실패했더라도 다시 기회를 가져야 합니다. 그렇게 함께 사회경제적 불평등을 해소해가는 것이 민주주의입니다. 정치권에서도 함께 힘을 모아주실 것을 부탁드립니다.

존경하는 국민 여러분!

한 가지, 꼭 함께 기억하고 싶은 것이 있습니다. 6월 항쟁의 중심은 특정 계층, 특정 지역이 아니었습니다. 사제, 목사, 스님, 여성, 민주정치인, 노동자, 농민, 도시빈민, 문인, 교육자, 법조인, 문화예술인, 언론출판인, 청년, 학생, 그 모두가 '민주헌법쟁취 국민운동본부'로 모였습니다. 전국 22개 지역에서 동시에 열린 6·10 국민대회가 6월 26일, 전국 34개 도시와 270여 곳에서 동시에 열린 '민주헌법 쟁취를 위한 국민평화대행진'으로 확대되었습니다. 이처럼 6월 항쟁에는 계층도 없었고, 변방도 없었습니다. 그래서 우리는 승리했습니다.

저도 부산에서 6월 항쟁에 참여하며, 민주주의는 물처럼 흐를 때 가장 강력하다는 것을 배웠습니다. 독재에 맞섰던 87년의 청년이 2017년의 아버지가 되어 광장을 지키고, 도시락을 건넸던 87년의 여고생이 2017년 두 아이의 엄마가 되어 촛불을 든 것처럼, 사람에서 사람으로 이어지는 민주주의는 흔들리지 않습니다. 정치와 일상이, 직장과 가정이 민주주의로 이어질 때 우리의 삶은 흔들리지 않습니다. 그렇게 우리의 삶, 우리 사회의 민주주의 역량이 더 성숙해질 수 있도록 함께 노력해갑시다. 관행과 제도와 문화를 바꿔나갈 일은 그것대로 정부가 노력하겠습니다. 우리 주변에 일상화되어 있는 비민주적인 요소들은 우리 모두 서로 도와가며 바꿔나갑시다. 개개인이 깨어 있는 민주시민이 되기 위한 노력은 그것대로 같이 해나갑시다.

민주주의가 정치, 사회, 경제의 제도로서 정착하고 우리 한 사람 한 사람이 일상에서 민주주의로 훈련될 때, 민주주의는 그 어떤 폭풍 앞에서도 꺾이지 않을 것입니다. 6월 항쟁의 이름으로 민주주의는 영원하고, 광장 또한 국민들에게 항상 열려 있을 것입니다.

감사합니다.

2017. 06. 10

● 추가경정예산안 국회 시정연설

존경하는 국민 여러분, 정세균 국회의장님과 의원 여러분!

19대 국회 때 바로 이 자리에서 당대표 연설을 했습니다. 20대 국회에서 인사드리는 것은 처음이지만, 19대 국회에서 함께 활동했던 분들이 많아서 친근한 동료의식을 갖고 있습니다.

지난 5월 10일, 저는 국회에서 엄숙한 마음으로 대통령 취임선서를 했습니다. 오늘은 정부가 추가경정예산안을 편성한 이유와 주요 내용을 직접 설명드리고 의원 여러분의 이해와 협조를 부탁드리고자 이 자리에 섰습니다.

역대 가장 빠른 시기의 시정연설이자 사상 최초의 추경 시정연설이라고 들었습니다. 국회와 더 긴밀하게 소통하고 협치하고자 하는 저의 노력으로 받아들여주십시오. 그러나 그보다 더 주목해주시기를 바라는 것은 일자리 추경의 절박성과 시급성입니다.

한 청년이 있습니다. 열심히 공부해서 대학에 입학했고, 입시보다 몇 배 더 노력하며 취업을 준비했습니다. 그런데 청년은 이렇게 말합니다. "제발 면접이라도 한 번 봤으면 좋겠어요."

그 청년만이 아닙니다. 우리의 수많은 아들딸들이 이력서 백 장은 기본이라고, 이제는 오히려 담담하게 말하고 있습니다. 실직과 카드빚으로 근심하던 한 청년은 부모에게 보낸 마지막 문자에 이렇게 썼습니다. "다음 생에는 공부를 잘할게요." 그 보도를 보며 가슴이 먹먹했던 것은 모든 의원님들이 마찬가지였을 것입니다.

일자리가 있다고 해서 행복한 것도 아닙니다. 부상당한 소방관은 가뜩이나 인력이 부족한 상황에서 동료들에게 폐가 될까 미안해 병가도 가지 못합니다. 며칠 전에는 새벽에 출근한 우체국 집배원이 과로사로 사망했다는 안타까운 소식이 전해졌습니다.

일일이 말씀드리자면 끝이 없을 것입니다. 이렇게 국민들의 고달픈 하루가 매일매일 계속되고 있습니다. 우리 정치의 책임임을 아무도 부인하지 못할 것입니다. 이 분명한 사실을 직시하고 제대로 맞서는 것이 국민들을 위해 정부와 국회가 해야 할 일이라고 말씀드리고 싶습니다.

존경하는 국민 여러분, 의원 여러분!

국민의 삶이 고단한 근본원인은 바로 일자리입니다. 누구나 아시는 바와 같이 지금 우리의 고용상황이 너무나 심각합니다. 그래서 지난 대선 때 우리 모두는, 방법론에는 차이가 있었지만, 좋은 일자리 많이 만들기가 우리 경제의 가장 시급한 과제라는 데 인식을 같이했습니다.

이미 통계청에서 발표하여 보도된 내용이지만, 우리의 고용상황을 다시 한 번 말씀드리면, 실업률은 2000년 이후 최고치, 실업자 수는 역대 최고치를 기록하고 있습니다.

특히 청년실업은 고용절벽이란 말이 사용될 정도로 매우 심각합니다. 연간 청년실업률은 2013년 이후 4년간 급격하게 높아졌고, 지난 4월 기준 청년실업률은 통계 작성 이후 최고치인 11.2%를 기록했습니다. 체감 실업률은 최근 3개월간 24% 안팎, 청년 4명 가운데 1명이 실업자입니다. 베이비붐 세대의 자녀인 에코붐 세대가 주 취업연령대에 진입한 반면에 청년들이 취업을 희망하는 좋은 일자리는 오히려 줄어들었기 때문입니다.

이에 대한 특단의 대책이 시급히 마련되지 않으면 에코붐 세대의 주 취업연령대 진입이 계속되는 동안 청년실업은 국가재난 수준으로 확대될 것이고, 우리는 한 세대 청년들의 인생을 잃어버리게 될 것입니다. 저출산 고령화 대책도 아무리 많은 예산을 투입하더라도, 지금까지 우리가 경험했듯이, 실효성을 거두기 어려울 것입니다.

소득분배 악화 상황도 심각합니다. 소득하위 20%에 해당하는 1분위 계층의 소득이 2016년에 무려 5.6%나 줄었습니다. 반면 같은 기간, 상위 20% 계층의 소득은 2.1% 늘었습니다. 이러한 추세는 금년 1/4분기에도 지속되고 있습니다. 제일 잘사는 계층과 못사는 계층 간에 소득격차가 더 벌어졌습니다. 특히 주목할 것은 1분위 계층의 소득감소가 5분기 동안, 1년 넘게 지속되고 있다는 사실입니다.

일시적인 현상이 아닙니다. 수출 대기업 중심의 경제지표는 좋아지고 있는데, 시장 상인이나 영세 자영업자, 중소기업 등은 외환위기 때보다 경기가 더 나쁘다고 호소합니다. 실제로 도소매, 음식숙박업 같은 서비스업은 지난 1/4분기에 마이너스 성장을 기록했습니다.

국민들의 지갑이 얇아지니 쓰는 돈이 줄어들었습니다. 시장이며 식당은 장사가 안 되니 종업원을 고용할 수 없습니다. 그러니 주로 저소득층이 종사하던 일자리가 줄어듭니다. 앞서 말씀드린, 1분위 계층의 소득이 감소하게 된 이유입니다. 극심한 내수불황 속에서 제일 어려운 계층이 벼랑 끝으로 몰렸습니다.

우리나라의 경제 불평등 정도는 이미 세계적으로 심각한 수준입니다. 상위 10%가 전체 소득 가운데 차지하는 비중이 50%, 절반에 육박합니다. 통계상으로는 OECD 국가 가운데 미국에 이어 2위입니다. 과세에서 누락되는 고소득자들의 소득이 많은 실정을 감안하면, 우리의 소득 불평등 정도가 미국보다 더 심할지도 모릅니다.

그런 터에 잘사는 사람들은 더 잘살게 되고 못사는 사람들은 더 못살게 되는 현상이 가속화되는 것은 참으로 우려해야 할 일입니다. 이런 흐름을 바로잡지 않으면 대다수 국민은 행복할 수 없습니다. 지속적인 성장도 어렵습니다. 통합된 사회로 갈 수도 없습니다. 민주주의도 실질이나 내용과는 거리가 먼 형식에 그치게 됩니다. 시민들이 투표에 참여하는 대의민주주의에 만족하지 못하고 거리로 나서게 되는 근본이유가 여기에 있다고 저는 생각합니다.

해법은 딱 하나입니다. 좋은 일자리를 늘리는 것입니다. 고용 없는 성장이 계속되는 것을 막아야 합니다. 성장의 결과 일자리가 생겨나는 것이 아니라, 일자리를 늘려 성장을 이루는 경제 패러다임의 대전환이 필요합니다.

국민 여러분, 의원 여러분!

경제는 적절한 시기를 놓치지 않아야 합니다. 현재의 실업대란을 이대로 방치하면 국가재난 수준의 경제위기로 다가올 우려가 있습니다. 호미로 막을 일을 가래로 막아야 할지도 모릅니다. 거듭 말씀드리지만, 문제의 중심에 일자리가 있습니다.

물론 단번에 해결하기는 어렵습니다. 그러나 지금 당장, 할 수 있는 만큼은 해야 합니다. 추경을 편성해서라도 고용을 개선하고, 소득 격차가 더 커지는 것을 막아야 합니다.

다행히 지난해에 이어 올해에도 세수실적이 좋아 증세나 국채 발행 없이도 추경예산 편성이 가능합니다. 이렇게 대응할 여력이 있는데도 손을 놓고 있다면, 정부의 직무유기이고, 나아가서는 우리 정치의 직무유기가 될 것입니다.

이에 정부는 올해 예상 세수 증가분 8조 8천억 원과 세계잉여금 1조 1천억 원, 기금 여유자금 1조 3천억 원을 활용하여 총 11조 2천억 원 규모의 일자리 중심 추경예산안을 편성했습니다.

존경하는 국민 여러분, 의원 여러분!

이번 추경예산은 재난에 가까운 실업과 분배악화 상황에 즉각 대응하기 위한 긴급처방일 뿐입니다. 근본적인 일자리 정책은 민간과 정부가 함께 추진해야 할 국가적 과제입니다. 그러나 빠른 효과를 위해서는 공공부문이 먼저 나서야 한다는 생각입니다. 국민들에게 필요한 것은 '작은 정부'가 아니라 '국민에게 필요한 일은 하는 정부'입니다. 그것이 책임 있는 정부입니다. 일자리 대책, 이번 하반기부터 바로 시작할 수 있도록 의원님들께서 협력해주시기를 부탁드립니다. 우선 시급한 취약계층의 생활 안정에도 도움이 될 것이라고 판단합니다. 정부의 이러한 노력이 마중물이 되어 민간부문의 일자리 창출 노력이 촉진되기를 특별히 기대하고 요청합니다.

존경하는 국민 여러분, 의원 여러분!

이제, 추경예산을 어디에, 어떻게 쓰려고 하는지 보고드리겠습니다. 추경 목적에 맞게 일자리와 서민생활 안정에 집중하였습니다. 항구적이고 지속가능한 일자리 창출을 위해 대규모 SOC 사업은 배제했습니다. 대신 육아휴직 급여, 국공립어린이집 확대 등 지난 대선에서 각 당이 내놓은 공통 공약을 최대한 반영했습니다.

추경예산안의 구체적인 내용을 설명드리면, 첫째, 우리의 미래인 청년들에게 최우선 순위를 두었습니다. 공공부문에서 일자리를 만들거나, 취업과 창업을 돕는 예산입니다. 정부가 직접 고용하는 일자리는 두 가지를 고려했습니다. 안전·복지·교육 등 국민 모두를 위한 민생 서비스 향상에 기여하면서 동시에 충원이 꼭 필요했던 현장 중심의 인력으로 한정했습니다.

먼저 소방관입니다. 2교대에서 3교대로 전환되었지만 그에 따른 인원

증원이 없었습니다. 법정인원에 비해 턱없이 수가 부족해 소방차와 119 구조차량이 탑승 인력조차 채우지 못하고 있습니다. 그로 인해, 지난해 태풍 때 구조대원이 부족해 대체 투입되었던 구급대원이 순직한 안타까운 일도 있었습니다.

다음은 복지 공무원입니다. 올해 초, 한 달 간격으로 세 명의 복지 공무원이 스스로 목숨을 끊은 일이 있을 정도로 살인적인 업무량과 감정노동에 시달리고 있습니다. 근로감독관도 부족합니다. 감독관 1명이 근로자 1만 2천여 명, 사업장 1천5백여 개를 담당하고 있는 실정입니다. 최저임금 위반이나 아르바이트비 체불 등은 단속할 엄두조차 내지 못합니다.

그 밖에도 경찰관, 부사관, 군무원, 집배원, 가축방역관 등까지 합쳐 국민 안전과 민생 현장에서 일할 중앙과 지방공무원 1만 2천 명을 충원해 민생 서비스를 개선하겠습니다. 보육교사, 노인돌봄 서비스, 치매관리 서비스, 아동안전지킴이 등 민간이 고용하는 공공부문 일자리도 지원하고자 합니다. 추경이 통과되면, 취약계층의 생활안정을 위해 필요한 사회 서비스 분야에서 2만 4천 개의 일자리를 늘릴 수 있습니다.

이상의 공공부문 일자리는 사실상 청년 일자리입니다. 청년들이 선호하는 일자리인 동시에 민생수요에 비해 수가 부족했던 현장인력을 확충하는 것인 만큼 청년실업 해소와 민생사회 서비스 향상의 일석이조 효과가 기대됩니다.

이번 추경으로 민간부문에서도 청년 일자리가 창출되도록 돕고자 합니다. 중소기업 청년고용지원제도를 신설해 중소기업의 청년 취업문을 넓히겠습니다. 중소기업이 청년 두 명을 채용하면, 추가로 한 명을 더 채용할 수 있게끔 추가 고용 한 명의 임금을 국가가 3년간 지원하겠습니다. 이번 추경으로 5천 명의 추가 채용이 이뤄질 수 있습니다.

대기업과 중소기업의 임금격차를 줄여주는 예산도 편성했습니다. 내일

채움공제의 적립금과 대상인원을 대폭 확대하는 것입니다. 중소기업에 취직하는 청년들도 목돈을 마련할 수 있고, 중소기업의 인력난 해소에도 도움이 될 것으로 기대합니다.

보다 많은 청년들이 과감하게 창업에 도전할 수 있게 돕겠습니다. 청년창업지원펀드 확대 등으로 청년 창업에 대한 투자를 대폭 늘리겠습니다. 또한 실패해도 다시 도전할 수 있도록 3천억 원 규모의 '재기지원펀드' 신설도 포함시켰습니다.

밤낮으로 아르바이트를 하면서 구직활동을 하는 청년들의 고단함도 조금이나마 덜 수 있습니다. 청년구직촉진수당을 신설해서 구직활동을 하는 3개월간 월 30만 원씩 우선 지원하고자 합니다. 내년도 예산에서는 보다 본격적으로 실시할 수 있을 것입니다. 청년들의 거주난도 도울 수 있습니다. 청년들이 적은 비용으로 출퇴근에 용이한 역세권에 거주할 수 있도록 다가구 임대주택을 추가로 공급하는 것입니다. 이번 추경에는 2천 7백 호분 공급예산을 배정했습니다.

일할 기회조차 갖지 못하는 지금의 청년세대를 두고 '부모세대보다 못사는 첫 번째 세대'가 될 것이라는 이야기가 나옵니다. 청년들에게만 속상하는 이야기가 아닙니다. 우리 자식들만은 우리보다 잘살기를 바라는 마음으로 온갖 고생을 마다하지 않은 부모들에게도 가슴이 미어지는 이야기입니다. 청년 일자리는 자식들의 문제이자 부모들의 문제입니다. 정부와 국회가 함께 팔 걷어붙이고 나서주실 것을 간곡히 당부드립니다.

둘째, 여성들에게 일할 기회를 늘려주고 가정의 행복을 돕는 예산입니다. 육아휴직을 해도 경제적 어려움을 느끼지 않도록, 출산 첫 3개월의 육아휴직 급여를 최대 두 배까지 늘리도록 했습니다.

육아휴직은 끝났는데, 당장 아이를 돌봐줄 사람이 없으면 눈앞이 캄캄해집니다. 여성경력단절은 여성과 가정, 국가에 모두 손실입니다. 국공립어린이집을 올해 예정한 지원규모보다 두 배 늘려 360개를 신규 설치함으로써 부모들의 육아부담을 덜어드리겠습니다. 민간어린이집이 없는 지역에 신설하거나 운영이 어려운 민간어린이집을 국공립으로 전환하는 방법 등으로 민간과 상생할 수 있을 것입니다. 어린이집 보조교사, 대체교사를 늘리면 일자리도 늘고, 교사들도 법정 근로시간을 지킬 수 있습니다. 아이들도 더 많은 보살핌을 받을 수 있습니다. 5천 명을 충원하는 예산을 배정했습니다.

다시 일하고 싶은 여성들이 보다 쉽게 일자리를 찾도록 돕는 예산도 있습니다. 새일센터에 창업매니저와 취업설계사를 새로 배치하고, 직업교육 과정을 확대하는 예산을 배정했습니다.

미세먼지는 아이 키우는 부모들의 가장 큰 걱정거리가 됐습니다. 전국 모든 초등학교에 미세먼지 측정 장치를 설치할 수 있도록 예산을 배정했습니다. 미세먼지가 심할 경우, 학교장이 즉시 대응하도록 하려는 것입니다.

셋째, 어르신들의 일자리와 건강을 위한 예산입니다. 어르신들도 건강이 허락하는 한 일을 할 수 있어야 활기찬 노후를 보낼 수 있습니다. 노인 빈곤율과 자살률이 OECD 최하위에 머물고 있는 불명예와 불효, 반드시 해결해야 합니다.

우선 노인 공공일자리를 3만 개 늘리고 일자리 수당을 월 22만 원에서 월 27만 원으로 인상하는 예산을 반영했습니다. 은퇴자의 기술과 경험이 청년 창업자들과 만나면 어르신 일자리도 늘리고 청년 창업도 도울 수 있습니다. 청년 창업자와 공동창업으로 어르신들의 지혜와 경륜을 살리는 일자리를 만들도록 했습니다.

치매는 국민 모두의 공포입니다. 어르신들도, 가족들도 그 고통을 혼자 감당해서는 안 됩니다. 치매국가책임제, 하루라도 빨리 시작해야 합니다. 전국 통틀어 47개소에 불과한 치매안심센터를 252개로 늘리는 예산을 배정했습니다. 전국 모든 시군구에 치매안심센터가 설치되면 치매 상담은 물론 조기검진을 통해 치매를 예방하고, 환자와 가족의 부담을 줄여드릴 것입니다.

넷째, 지역에 밀착한 일자리를 만들고, 취약한 민생과 국민안전을 강화하는 예산입니다. 도시재생 뉴딜사업, 하수관거 정비 등 낙후한 주거환경을 개선하는 예산을 배정했습니다. 지역에서 일자리를 늘리면서 주민들 삶의 질을 개선하는 사업입니다.

특히 도시재생 뉴딜사업은 도시경쟁력을 강화시켜 지역경제를 살리고 새로운 일자리를 만들어내는 효과가 기대됩니다.

기초생활보장제는 가장 취약한 계층을 위한 제도입니다. 불합리한 부양의무자기준을 완화하여 제도 수혜자를 4만 1천 가구 늘리고자 합니다.

구의역 사고 같은 비극은 다시, 없어야 합니다. 스크린도어 안전 보호벽을 개선하는 예산을 배정했습니다. 국민안전을 강화하는 동시에 관련 업종의 일자리 창출에 기여할 것입니다.

마지막으로, 이번 추경으로 지방자치단체에 지방교부세와 지방교육재정교부금 총 3조 5천억 원이 지원됩니다. 지방정부들도 이번 추경의 효과가 극대화될 수 있도록 지원 예산을 일자리 정책과 일자리 창출 효과가 있는 민생 관련 사업에 중점 사용해줄 것을 특별히 당부드립니다.

존경하는 국회의원 여러분!

정부는 이번 추경으로 약 11만 개의 일자리가 새로 생기고, 서민들의 생활이 조금은 나아질 것으로 기대하고 있습니다. 응급처방이지만, 꼭 해야 할 일이라고 생각합니다. 일자리는 국민들에게 생명이며, 삶 그 자체입니다. 인간의 존엄을 지킬 수 있는 최소한의 국민 기본권입니다. 국민들은 버틸 힘조차 없는데 기다리라고 할 수는 없습니다. 국민이 힘들면 지체 없이 손을 내밀어야 합니다. 국민들의 삶이 조금이라도 나아진다면 할 수 있는 모든 일을 해야 합니다. 그게 정부고, 그게 국가라는 판단으로 편성한 예산입니다. 국회가 함께해주시길 바라마지 않습니다.

국회는 올해 초 환경미화원을 직접 고용했습니다. 일자리 문제 해결을 위한 선도적인 노력을 국회가 먼저 시작했습니다. 저도 단단히 마음먹고 있습니다. 단 1원의 예산도 일자리와 연결되게 만들겠다는 각오입니다. 정부의 모든 정책역량을 일자리에 집중할 것입니다.

국회와 정부가 함께 머리를 맞대야 합니다. 야당과 여당이 함께 힘을 합해야 합니다. 공공과 민간이 함께 노력해야 합니다. 함께합시다. 마음 놓고 일하고 싶다는 국민들의 절박한 호소에 응답합시다. 서민들의 눈물을 닦아주고 고통을 껴안읍시다. 일자리에서부터 국회와 정부가 협력하고, 야당과 여당이 협력하는 정치를 한다면 국민들께도 큰 위안이 될 것입니다.

이번 추경이 빠른 시일 내에 통과되어 기대한 효과를 낼 수 있도록 적극적인 협력을 요청합니다. 정부는 국회가 추경을 확정하는 대로 바로 집행이 이루어질 수 있도록 사전 준비에 만전을 다하겠습니다.

정부는 비상시국에 인수위 없이 출범한 상황에서 국정공백을 최소화하기 위해 최선을 다하고 있습니다. 조속히 국정을 정상화할 수 있도록 국회의 협력을 부탁드립니다. 저와 정부도 국회를 존중하면서 허심탄회하게 대화하고 협의해나가겠습니다.

감사합니다.

2017. 06. 12

● 6·15 남북정상회담 17주년 기념식 축사

존경하는 국민 여러분, 내외 귀빈 여러분!

우리는 오늘 6·15 남북정상회담을 기념하기 위해 모였습니다. 김대중 대통령님의 고뇌와 용기, 그리고 역사적 결단을 기억하고, 그 정신을 되살리기 위해 모였습니다. 특별히 이희호 여사님의 건강을 기원합니다. 김대중 대통령님께서 생전에 여사님께 보냈던 존경과 사랑을 우리 모두가 기억하고 있습니다. 여사님께서 평화를 이룬 한반도를 보시는 것이 우리 모두의 기쁨이 될 것입니다. 이희호 여사님, 오래오래 건강하셔서 꼭 좋은 세상 보십시오.

오늘 이 자리에 서니, 김대중 대통령께서 짊어지셨던 역사의 무게가 깊게 느껴집니다. 김대중 대통령님은 '행동하는 양심으로' '두렵지만 나서야 하기 때문에 나서는' 참된 용기를 보여주신 분입니다. 그 용기가 대한민국의 민주화 시대를 열었습니다.

그러나 무엇보다 김대중 대통령님의 큰 발걸음은 남북화해와 평화, 햇볕정책에 있었습니다. 김대중 대통령님은 한반도 문제의 주인은 우리 자신이라는 것을 몸소 실천적으로 보여주셨습니다. 분단 후 최초의 남북정상회담으로 남북관계의 대전환을 이끌어냈습니다. 남과 북의 평화통일이 가능하다는 사실을 처음으로 확인시켜주셨습니다. 우리가 운전석에 앉아 주변국과의 협력을 바탕으로 한반도 문제를 이끌어갈 수 있음을 보여주셨습니다. IMF 위기 속에서 남북화해와 협력의 새로운 장을 열었고 IMF 위기까지 극복하였습니다.

내외 귀빈 여러분!

오늘 우리가 겪고 있는 위기를 해결하기 위해서라도 남북관계는 새롭게 정립되고 발전되어야 합니다. 김대중 대통령님은 6·15 남북정상회담을 위해 위험을 무릅쓰고 평양에 가셨습니다. 결코 순탄대로가 아니었습니다. 김대중 대통령께서 임기를 시작하고 얼마 지나지 않아 북한은 대포동 1호 미사일을 발사했습니다. 금창리에 제2의 지하 핵시설이 있다는 의혹도 제기되었습니다. 미국이 북한의 영변 핵시설에 대한 폭격까지 검토했던 1994년 이후 또다시 한반도 정세가 긴장국면으로 빠져들고 있었습니다.

그러나 김대중 대통령님은 이러한 위기를 극복하고 미국의 클린턴 행정부를 설득하면서 남북관계가 발전할 수 있는 토대를 주도적으로 닦으셨습니다. 오늘 우리에게 무엇이 필요한지를 분명하게 보여주셨습니다.

북한의 핵과 미사일 개발이 지역과 국제사회의 평화와 안정을 위협하는 심각한 우려사항으로 대두되었습니다. 이는 물론 우리의 안보에도 매우 심각한 우려가 아닐 수 없습니다. 이 자리를 빌어 다시 한 번 촉구합니다. 북한은 핵개발을 포기하고 국제사회와 협력할 수 있는 길을 찾아야 합니다.

우리 모두는 분명히 기억합니다. 김대중 대통령님은 북한의 도발적 행동으로 인한 한반도 위기 속에서도 남북화해협력의 새로운 장을 열었습니다. 위기는 기회입니다. 미국을 비롯해 국제적 공조를 바탕으로 북한 핵문제를 해결하고 한반도에 평화를 정착시키며 남과 북이 함께 번영을 구가할 수 있는 의지와 지혜, 역량을 우리는 갖고 있습니다. 김대중 대통령님께서 북한의 핵과 도발을 불용하겠다는 원칙을 지키면서 남북관계 발전을 이루어냈듯이 우리도 새롭게 담대한 구상과 의지를 갖고 해결해 나가야 할 것입니다.

내외 귀빈 여러분!

그동안 남과 북은 반목과 대결이 계속되는 속에서도 몇 차례 중요한 역사를 만들어냈습니다. 1972년 7·4 남북공동성명으로부터 1991년 남북기본합의서를 지나 2000년 6·15 공동선언까지, 그리고 그 토대 위에서 2007년 남북관계 발전과 평화번영을 위한 10·4 정상선언으로 발전시켜 왔습니다. 남북 당국 간의 이러한 합의들이 지켜졌다면, 또 국회에서 비준되었더라면 정권의 부침에 따라 대북정책이 오락가락하는 일은 없었을 것입니다. 그래서 남북합의를 준수하고 법제화하는 일은 무엇보다 중요합니다.

역대 정권에서 추진한 남북합의는 정권이 바뀌어도 반드시 존중되어야 하는 중요한 자산입니다. 정부는 역대 정권의 남북합의를 남북이 함께 되돌아가야 할 원칙으로 대할 것입니다. 또한 당면한 남북문제와 한반도문제 해결의 방법을 그간의 합의에서부터 찾아나갈 것입니다.

존경하는 국민 여러분, 내외 귀빈 여러분!

6·15 공동선언은 남북문제의 주인이 우리 민족임을 천명했습니다. 남과 북은 또 10·4 선언으로 분명히 약속했습니다. 남북의 군사적 적대관계 종식, 한반도에서 긴장완화와 평화보장을 위한 긴밀한 협력을 약속했습니다. 한반도의 항구적인 평화체제 구축을 위해 관련국 정상들의 종전선언을 추진해가기로 약속했습니다. 핵문제 해결을 위해 6자회담, 9·19 공동성명과 2·13 합의가 순조롭게 이행되도록 공동으로 노력한다고 약속했습니다. 이 약속에 북한 핵문제 해결의 해법이 모두 들어 있습니다. 우리 국민들이 안심할 수 있는 약속이 담겨 있습니다. 남과 북이 함께 발전할 수 있는 방안이 모두 담겨 있습니다.

최근 북한이 6·15 공동선언과 (10·4) 남북정상선언의 존중과 이행을 촉구하고 있습니다. 그러나 핵과 미사일 고도화로 말 따로 행동 따로인 것은 바로 북한입니다. 우리는 우리대로 노력할 것입니다. 북한도 그렇게 해야 할 것입니다. 북한의 핵 포기 결단은 남북 간 합의의 이행의지를 보여주는 증표입니다. 이를 실천한다면 적극 도울 것입니다. 북한이 핵과 미사일의 추가 도발을 중단한다면, 북한과 조건 없이 대화에 나설 수 있음을 분명히 밝힙니다. 북한의 호응을 촉구합니다. 저는 무릎을 마주하고, 머리를 맞대고, 어떻게 기존의 남북 간의 합의를 이행해나갈지 협의할 의사가 있습니다. 북한 핵의 완전한 폐기와 한반도 평화체제의 구축, 그리고 북미관계의 정상화까지 포괄적으로 논의할 수 있을 것입니다.

내외 귀빈 여러분!

17년 전 6월 13일, 평양 순안공항에서 김대중 대통령님과 김정일 국방위원장이 뜨겁게 포옹하던 그 모습을 여러분 모두가 기억하실 것입니다. 전 세계를 가슴 뛰게 한 장면이었습니다.

저는 또, 기억합니다. 6·15 선언을 합의한 후 김대중 대통령님께서 하셨다는 그 말씀, "젖 먹던 힘까지 다 했다. 내 평생 가장 길고 무겁고 보람 느낀 날이다."라는 말씀을 기억합니다. 그 가슴 뛰던 장면이, 그 혼신의 힘을 다한 노력이 우리 모두의 마음속에서 다시 살아 꿈틀거릴 때, 한반도에 새로운 역사가 열릴 것이라고 확신합니다.

남북의 온 겨레가 전쟁의 공포에서 벗어나는 역사, 남북의 온 겨레가 경제공동체를 이뤄 함께 잘사는 역사, 한강의 기적이 대동강의 기적을 일으켜 한반도의 기적이 되는 역사, 그 모든 역사의 주인은 바로 우리 자신입니다.

너무 오랫동안 닫히고 막혀 있었습니다. 남북이 오가는 길만 막힌 게 아니라 우리들 마음까지 닫혀 있었는지도 모르겠습니다.

정부는 정부대로 남북관계의 복원과 대화의 재개를 모색하겠습니다.

국민들 속에서 교류와 협력의 불씨가 살아나도록 돕겠습니다. 우리 청년들의 상상력이 한반도 북쪽을 넘어 유라시아까지 뻗어가도록 돕겠습니다. 여야와 보수진보의 구분 없이, 초당적 협력과 국민적 지지로 남북화해와 협력, 평화번영의 길이 지속되게끔 하겠습니다.

여러분도 함께 노력해주십시오. 국민들 마음속의 분단이 평화로운 한반도를 향한 벅찬 꿈으로 바뀌어가도록 이 자리에 계신 여러분들께서 함께 노력해주십시오. 그렇게 정부와 국민들의 노력이 함께 어울릴 때, 그것이 김대중 대통령님의 정신과 6·15 남북정상회담이 이룬 성과를 온전히 계승하는 길이라고 생각합니다.

6·15 남북공동선언에 담긴 꿈이 반드시 이뤄지도록 함께 노력합시다. 김대중 정부의 화해협력정책과 노무현 정부의 평화번영정책을 오늘에 맞게 계승하고 발전시키는 일을 이 자리에 계신 여러분, 그리고 국민 여러분과 함께 해나겠습니다.

감사합니다.

2017. 06. 15

● 고리 1호기 영구 정지 기념행사 기념사

2017년 6월 19일 0시, 대한민국은, 국내 최초의 고리원전 1호기를 영구 정지했습니다. 1977년 완공 이후 40년 만입니다. 지난 세월 동안 고리 1호기는 대한민국 경제성장을 뒷받침했습니다. 가동 첫해인 1978년 우리나라 전체 발전설비 용량의 9%를 감당했고, 이후 늘어난 원전으로 우리는 경제발전 과정에서 크게 늘어난 전력수요에 대응할 수 있었습니다.

고리 1호기는 우리나라 경제발전의 역사와 함께 기억될 것입니다. 1971년 착공을 시작한 그때부터 지금까지 고리 1호기가 가동되는 동안 많은 분들의 땀과 노력이 있었습니다. 자신의 청춘과 인생을 고리 1호기와 함께 기억하는 분들도 많으실 겁니다. 앞으로 고리 1호기를 해체하는 과정에서도 많은 분들이 땀을 흘리게 될 것입니다. 이 자리를 빌려서 관계자 여러분의 노고를 치하하며, 특히 현장에서 고리 1호기의 관리에 애써오신 분들께 깊이 감사드립니다.

존경하는 국민 여러분!

고리 1호기의 가동 영구 정지는 탈핵 국가로 가는 출발입니다. 안전한 대한민국으로 가는 대전환입니다. 저는 오늘을 기점으로 우리 사회가 국가 에너지정책에 대한 새로운 합의를 모아나가기를 기대합니다. 그동안 우리나라의 에너지정책은 낮은 가격과 효율성을 추구했습니다. 값싼 발전단가를 최고로 여겼고 국민의 생명과 안전은 후순위였습니다. 지속가능한 환경에 대한 고려도 경시되었습니다. 원전은 에너지의 대부분을 수

입해야 하는 우리가 개발도상국가 시기에 선택한 에너지정책이었습니다.

그러나 이제는 바꿀 때가 됐습니다. 국가의 경제수준이 달라졌고, 환경의 중요성에 대한 인식도 높아졌습니다. 국민의 생명과 안전이 무엇보다 중요하다는 것이 확고한 사회적 합의로 자리 잡았습니다.

국가의 에너지정책도 이러한 변화에 발맞춰야 합니다. 방향은 분명합니다. 국민의 생명과 안전, 건강을 위협하는 요인들을 제거해야 합니다. 지속가능한 환경, 지속가능한 성장을 추구해야 합니다. 국민안전을 최우선으로 하는 청정에너지 시대, 저는 이것이 우리의 에너지정책이 추구할 목표라고 확신합니다.

지난해 9월 경주 대지진은 우리에게 큰 충격이었습니다. 진도 5.8, 1978년 기상청 관측 시작 이후, 한반도에서 발생한 가장 강한 지진이었습니다. 다행히 사망자는 없었지만 스물세 분이 다쳤고 총 110억 원의 재산 피해가 발생했습니다. 경주 지진의 여진은 지금도 계속되고 있습니다. 엿새 전에도 진도 2.1의 여진이 발생했고, 지금까지 9개월째 총 622회의 여진이 이어지고 있습니다. 우리는 그동안 대한민국은 지진으로부터 안전한 나라라고 믿어왔습니다. 그러나 이제 대한민국이 더 이상 지진 안전지대가 아님을 인정해야 합니다. 우리는 당면한 위험을 직시해야 합니다. 특히 지진으로 인한 원전 사고는 너무나 치명적입니다.

일본은 세계에서 지진에 가장 잘 대비해온 나라로 평가받았습니다. 그러나 2011년 발생한 후쿠시마 원전사고로 2016년 3월 현재 총 1,368명이 사망했고, 피해복구에 총 220조 원이라는 천문학적인 예산이 들 것이라고 합니다. 사고 이후 방사능 영향으로 인한 사망자나 암환자 발생 수는 파악조차 불가능한 상황입니다.

후쿠시마 원전사고는 원전이 안전하지도 않고, 저렴하지도 않으며, 친환경적이지도 않다는 사실을 분명히 보여주었습니다. 그 이후 서구 선진

국가들은 빠르게 원전을 줄이면서 탈핵을 선언하고 있습니다.

하지만 우리는 여전히 핵발전소를 늘려왔습니다. 그 결과, 우리나라는 전 세계에서 원전이 가장 밀집한 나라가 되었습니다. 국토면적당 원전 설비용량은 물론이고 단지별 밀집도, 반경 30km 이내 인구 수도 모두 세계 1위입니다. 특히 고리원전은 반경 30km 안에 부산 248만 명, 울산 103만 명, 경남 29만 명 등 총 382만 명의 주민이 살고 있습니다. 월성 원전도 130만 명으로 2위에 올라 있습니다. 후쿠시마 원전사고 당시 주민 대피령이 내려진 30km 안 인구는 17만 명이었습니다. 그러나 우리는 그보다 무려 22배가 넘는 인구가 밀집되어 있습니다. 그럴 가능성이 아주 낮지만 혹시라도 원전사고가 발생한다면 상상할 수 없는 피해로 이어질 수 있습니다.

존경하는 국민 여러분!

저는 지난 대선에서 안전한 대한민국을 약속드렸습니다. 세월호 이전과 이후가 전혀 다른 대한민국을 만들겠다고 약속했습니다. 안전한 대한민국은 세월호 아이들과 맺은 굳은 약속입니다.

새 정부는 원전 안전성 확보를 나라의 존망이 걸린 국가안보문제로 인식하고 대처하겠습니다. 대통령이 직접 점검하고 챙기겠습니다. 원자력안전위원회를 대통령직속위원회로 승격하여 위상을 높이고, 다양성과 대표성, 독립성을 강화하겠습니다.

원전정책도 전면적으로 재검토하겠습니다. 원전 중심의 발전정책을 폐기하고 탈핵 시대로 가겠습니다. 준비 중인 신규 원전 건설계획은 전면 백지화하겠습니다. 원전의 설계 수명을 연장하지 않겠습니다. 현재 수명을 연장하여 가동 중인 월성 1호기는 전력 수급 상황을 고려하여 가급적 빨리 폐쇄하겠습니다. 설계 수명이 다한 원전 가동을 연장하는 것은 선박운항 선령을 연장한 세월호와 같습니다. 지금 건설 중인 신고리 5, 6호기는 안전성과 함께 공정률과 투입비용, 보상비용, 전력 설비 예비율 등을 종합 고려하여 빠른 시일 내 사회적 합의를 도출하겠습니다.

원전 안전기준도 대폭 강화하겠습니다. 지금 탈원전을 시작하더라도 현재 가동 중인 원전의 수명이 다할 때까지는 앞으로도 수십 년의 시간이 더 소요될 것입니다. 그때까지 우리 국민의 안전이 끝까지 완벽하게 지켜져야 합니다. 지금 가동 중인 원전들의 내진 설계는 후쿠시마 원전사고 이후 보강되었습니다. 그 보강이 충분한지, 제대로 이루어졌는지 다시 한 번 점검하겠습니다.

새 정부 원전정책의 주인은 국민입니다. 원전 운영의 투명성도 대폭 강화하겠습니다. 지금까지 원전 운영과정에서 크고 작은 사고가 있었고, 심지어는 원자로 전원이 끊기는 블랙아웃 사태가 발생하기도 했습니다. 그러나 과거 정부는 이를 국민에게 제대로 알리지 않고 은폐하는 사례도 있었습니다. 새 정부에서는 무슨 일이든지 국민의 안전과 관련되는 일이라면 국민께 투명하게 알리는 것을 원전정책의 기본으로 삼겠습니다.

탈원전을 둘러싸고 전력수급과 전기료를 걱정하는 산업계의 우려가 있습니다. 막대한 폐쇄 비용을 걱정하는 의견도 있습니다. 그러나 탈원전은 거스를 수 없는 시대의 흐름입니다. 수만 년 이 땅에서 살아갈 우리 후손들을 위해 지금 시작해야만 하는 일입니다.

저의 탈핵, 탈원전 정책은 핵발전소를 긴 세월에 걸쳐 서서히 줄여가는 것이어서 우리 사회가 충분히 감당할 수 있습니다. 국민들께서 안심할 수 있는 탈핵 로드맵을 빠른 시일 내 마련하겠습니다.

존경하는 국민 여러분!

새 정부는 탈원전과 함께 미래에너지 시대를 열겠습니다. 신재생에너지와 LNG 발전을 비롯한 깨끗하고 안전한 청정에너지 산업을 적극 육성하겠습니다. 4차 산업혁명과 연계하여 에너지산업이 대한민국의 새로운 성장동력이 되도록 하겠습니다.

지금 세계는 에너지전쟁을 벌이고 있습니다. 지구온난화에 따른 이상고온, 파리기후협정 등 국제환경 변화에 능동적으로 대처해야 합니다. 석유의 나라 사우디아라비아가 '탈석유'를 선언하고 국부 펀드를 만들어 태양광 같은 신재생에너지 사업에 힘을 쏟고 있습니다. 애플도 태양광 전기 판매를 시작했고 구글도 '구글에너지'를 설립하고 태양광 사업에 뛰어든 지 오래입니다.

우리도 세계적 추세에 뒤떨어져서는 안 됩니다. 원전과 함께 석탄화력발전을 줄이고 천연가스 발전설비 가동률을 늘려가겠습니다. 석탄화력발전소 신규 건설을 전면 중단하겠습니다. 노후된 석탄화력발전소 10기에 대한 폐쇄 조치도 제 임기 내에 완료하겠습니다. 이미 지난 5월 15일 미세먼지 대책으로 30년 이상 운영된 노후 석탄화력발전소 8기를 일시 중단한 바 있습니다. 석탄화력발전을 줄여가는 첫걸음을 시작했습니다.

태양광, 해상풍력 산업을 적극 육성하고 4차 산업혁명에 대비한 에너지 생태계를 구축해가겠습니다. 친환경 에너지 세제를 합리적으로 정비하고 에너지 고소비 산업구조도 효율적으로 바꾸겠습니다. 산업용 전기요금을 재편하여 산업부분에서의 전력 과소비를 방지하겠습니다. 산업경쟁력에 피해가 없도록 중장기적으로 추진하고 중소기업은 지원하겠습니다.

존경하는 국민 여러분!

오늘 고리 1호기 영구 정지는 우리에게 또 다른 기회입니다. 원전 해체에 대한 노하우를 축적해 원전 해체 산업을 육성할 수 있는 계기가 되기

때문입니다. 원전 해체는 많은 시간과 비용과 첨단 과학기술을 필요로 하
는 고난도 작업입니다. 탈원전의 흐름 속에 세계 각국에서 원전 해체 수
요가 많이 발생하고 있습니다. 그러나 현재까지 원전 해체 경험이 있는
국가는 미국, 독일, 일본뿐입니다. 현재 우리나라의 기술력은 미국 등 선
진국의 80% 수준이며, 원전 해체에 필요한 상용화 기술 58개 중에 41개
를 확보하고 있습니다.

　　좀 더 서두르겠습니다. 원전 해체 기술력 확보를 위해 동남권 지역에
관련 연구소를 설립하고 적극 지원하겠습니다. 대한민국이 원전 해체 산
업 선도국가가 될 수 있도록 정부는 노력과 지원을 아끼지 않겠습니다.

　　존경하는 국민 여러분!
　　우리는 지금 새로운 도전을 시작하고 있습니다. 익숙한 것과 결별하
고 새로운 것을 창조해야 합니다. 국민의 생명과 안전을 지키면서 안정적
인 전력 공급도 유지해야 합니다. 원전과 석탄화력을 줄여가면서 이를 대
체할 신재생에너지를 제때에 값싸게 생산해야 합니다. 국가 에너지정책의
대전환, 결코 쉽지 않은 일입니다. 정부와 민간, 산업계와 과학기술계가
함께해야 합니다. 국민들의 에너지 인식도 바뀌어야 합니다. 탈원전, 탈석
탄 로드맵과 함께 친환경 에너지정책을 수립하겠습니다.
　　많은 어려움이 있을 것입니다. 그러나 분명히 가야 할 길입니다. 건강
한 에너지, 안전한 에너지, 깨끗한 에너지 시대로 가겠습니다. 국민의 안
전과 생명을 최고의 가치로 생각하는 안전한 대한민국을 만들겠습니다.
　　감사합니다.

2017. 06. 19

● 국군 및 유엔군 참전유공자 위로연

존경하는 6·25 참전용사 여러분, 내외 귀빈 여러분, 반갑습니다. 여러분의 건강하신 모습을 뵙게 되어 기쁩니다. 특히 멀리 해외에서 오신 참전용사와 가족, 외교사절 여러분을 진심으로 환영합니다.

올해 67주년, 긴 시간이 흘렀습니다. 그렇지만 대한민국과 우리 국민들은 국내외 참전용사 여러분의 희생과 헌신을 결코 잊지 않고 있다는 말씀을 먼저 드립니다. 저는 앞으로 대한민국의 역사 속에서 여러분의 공헌이 더욱 귀하고 값지게 기억될 수 있도록, 힘껏 노력할 것입니다.

존경하는 참전용사 여러분, 오늘의 자랑스러운 대한민국은 이 자리에 함께하고 계신 국군과 유엔군 참전용사들의 빛나는 투혼 위에 서 있습니다.

우리 국군과 유엔군은 자유와 평화를 지키기 위해 목숨을 걸고 싸웠습니다. 그 용기와 결단이 대한민국을 지켰고, 눈부신 경제성장과 성숙한 민주주의로 결실을 맺었습니다. 나라의 위기 앞에 분연히 일어선 의용군, 학도병과 소년병의 헌신이 조국을 지킨 힘이 되었고, 오늘 대한민국의 성숙한 시민의식으로 성장했습니다.

올해는 특별히 여군과 여자의용군, 교포참전용사, 민간인 수송단과 노무사단, 국군귀환용사를 처음으로 모셨습니다. 나라를 위기에서 구하기 위해 기꺼이 나섰던 한 분, 한 분 귀한 마음으로 챙기겠습니다.

참전용사 여러분은 대한민국의 자랑이고, 여러분 한 분 한 분이 대한민국의 역사입니다. 참전용사들께서 그 분명한 사실에 자긍심을 가질 수 있도록 만드는 것이 대통령으로서 제가 해야 할 일이라고 생각합니다.

최고의 성의를 가지고 보훈으로 보답하겠습니다. 참전명예수당과 의료, 복지, 안장시설 확충은 국가가 책임져야 할 기본적인 도리입니다. 참전명예수당 인상과 의료복지 확대를 추진해 그 희생과 공헌에 합당한 예우가 이뤄지도록 하겠습니다.

참전용사의 이름을 기억하는 것도 중요합니다. 미처 등록되지 못한 참전용사도 끝까지 발굴하여 국가 기록으로 남기겠습니다. 최고의 보훈이 튼튼한 안보의 바탕이고 국민통합과 강한 국가로 가는 길임을 실천으로 증명하겠습니다.

참전용사 여러분, 그리고 내외 귀빈 여러분, 지금 이 자리에는 유엔군 참전용사와 가족들도 함께하고 있습니다. 널리 알려진 문구 그대로 '알지도 못하는 나라, 만난 적도 없는 사람들'을 위해 기꺼이 달려와 희생하고 헌신한 분들입니다. 저는 대한민국을 대표해 유엔참전국과 참전용사들께 특별한 존경과 감사의 인사를 전합니다.

이 자리에도 그 영웅들이 계십니다만, 장진호 전투와 흥남철수 작전은 전쟁을 경험하지 못한 한국의 전후세대들에게도 널리 알려진 역사가 되었습니다. 그때 그 덕분에 흥남에서 피난 온 피난민의 아들이 지금 대한민국의 대통령이 되어서 이 자리에 여러분과 함께 있습니다. 이 사실이 유엔군 참전용사 여러분께 기쁨과 보람이 되기를 바라는 마음입니다.

대한민국은 함께 피 흘리며 맺었던 우리의 우정을 영원히 기억하고 발전시켜나갈 것입니다. 여러분께서 헌신적으로 실천한 인류애가 더욱 빛나도록 세계 평화와 번영에 기여하는 나라가 될 것을 약속드립니다.

존경하는 참전용사 여러분, 6·25 전쟁은 아픈 역사입니다. 한반도 땅

대부분이 전쟁의 참상을 겪었고, 수백만 명에 이르는 사람들이 목숨을 잃거나 부상을 당했습니다. 온 국민의 노력으로 폐허가 되었던 국토는 복구되었지만 우리의 마음은 다 회복되지 못했습니다.

분단의 상처와 이산가족의 아픔은 오늘도 계속되고 있습니다. 서로를 향해 겨누었던 총부리는 아직도 원한으로 남았습니다. 아무리 세월이 흘렀다 한들 가족을 잃고, 전우를 잃고, 고향을 잃은 아픔이 쉽사리 씻기기는 어려울 것입니다.

그럼에도 우리는 앞으로 나아가야 합니다. 우리 자신과 미래세대를 위해 다시 용기와 결단이 필요한 때가 바로 지금이라고 생각합니다.

평화를 위한 우리와 국제사회의 노력에도 불구하고 북한은 한반도의 안전을 위협하고 도발을 반복하고 있습니다. 규탄 받아 마땅한 일입니다.

저와 정부는 우리 국민과 조국의 안위를 지키는 일에 그 어떤 주저함도 없을 것입니다. 확고한 한미동맹과 압도적 국방력으로 안보를 지키겠습니다. 평화는, 강하고 튼튼한 안보 위에서만 가능하다는 것을 우리 모두가 잘 알고 있습니다.

동시에, 저와 정부는 북한 스스로가 핵을 포기하고 평화와 번영의 길을 선택할 수 있도록 대화의 문도 열어두겠습니다. 많은 어려움과 우여곡절이 있겠지만 대화와 협력을 통해 만드는 평화라야 온전하고 지속가능한 평화가 될 것이기 때문입니다.

참전용사 여러분들께서 함께 해주시기를 바랍니다. 참전용사 여러분께서 안보 대통령의 지원군이자 평화 대통령의 든든한 벗이 되어주신다면 한반도의 평화와 번영이 좀 더 앞당겨질 것입니다.

존경하는 참전용사 여러분, 내외 귀빈 여러분, 저는 다음 주에 미국을 방문하여 한미정상회담을 갖습니다. 한미동맹 강화와 북핵문제 해결을 위해 트럼프 대통령과 머리를 맞대겠습니다. 국제사회와의 공조도 더 단단하게 맺을 것입니다.

자유와 민주주의를 더욱 굳건히 지키고 발전시키는 일, 전쟁 걱정이 없는 평화로운 한반도를 만드는 일, 그리하여 세계평화에 기여하는 것이 참전용사 여러분의 희생과 헌신에 보답하는 길이라고 믿습니다.

다시 한 번 참전용사 여러분께 존경과 감사의 마음을 전하며, 여러분 모두 행복하고 편안한 시간 되시기를 바랍니다.

감사합니다.

2017. 06. 23

● 장진호 전투 기념비 헌화 기념사

　존경하는 로버트 넬러 해병대 사령관님, 옴스테드 장군님을 비롯한 장진호 전투 참전용사 여러분, 흥남 철수작전 관계자와 유족 여러분, 특히 피난민 철수에 결정적인 역할을 하신 알몬드 장군님과 현봉학 박사님의 가족분들 모두 반갑습니다. 장진호 전투 기념비 앞에서 여러분을 뵙게 되니 감회가 깊습니다. 꼭 한 번 와보고 싶었던 곳에 드디어 왔습니다. 오늘 대한민국 대통령으로서 첫 해외순방의 첫 일정을 이곳에서 시작하게 돼 더욱 뜻이 깊습니다.

　67년 전인 1950년, 미 해병들은 '알지도 못하는 나라, 만난 적도 없는 사람들'을 위해 숭고한 희생을 치렀습니다. 그들이 한국전쟁에서 치렀던 가장 영웅적인 전투가 장진호 전투였습니다. 장진호 용사들의 놀라운 투혼 덕분에 10만여 명의 피난민을 구출한 흥남 철수작전도 성공할 수 있었습니다.

　그때 메러디스 빅토리 호에 오른 피난민 중에 저의 부모님도 계셨습니다. '피난민을 구출하라'는 알몬드 장군의 명령을 받은 故 라루 선장은 단 한 명의 피난민이라도 더 태우기 위해 무기와 짐을 바다에 버렸습니다. 무려 14,000명을 태우고 기뢰로 가득한 '죽음의 바다'를 건넌 자유와 인권의 항해는 단 한 명의 사망자 없이 완벽하게 성공했습니다. 1950년 12월 23일 흥남부두를 떠나 12월 25일 남쪽 바다 거제도에 도착할 때까지 배 안에서 5명의 아기가 태어나기도 했습니다. 크리스마스의 기적! 인류 역사상 최대의 인도주의 작전이었습니다.

2년 후, 저는 빅토리 호가 내려준 거제도에서 태어났습니다. 장진호의 용사들이 없었다면, 흥남 철수작전의 성공이 없었다면, 제 삶은 시작되지 못했을 것이고, 오늘의 저도 없었을 것입니다. 그러니 여러분의 희생과 헌신에 대한 고마움을 세상 그 어떤 말로 표현할 수 있겠습니까?

존경과 감사라는 말로는 너무나 부족한 것 같습니다. 저의 가족사와 개인사를 넘어서서, 저는 그 급박한 순간에 군인들만 철수하지 않고 그 많은 피난민들을 북한에서 탈출시켜준 미군의 인류애에 깊은 감동을 느낍니다. 장진호 전투와 흥남 철수작전이 세계전쟁 사상 가장 위대한 승리인 이유입니다.

제 어머니의 말씀에 의하면, 항해 도중 12월 24일, 미군들이 피난민들에게 크리스마스 선물이라며 사탕을 한 알씩 나눠줬다고 합니다. 알려지지 않은 이야기입니다. 비록 사탕 한 알이지만 그 참혹한 전쟁통에 그 많은 피난민들에게 크리스마스 선물을 나눠준 따뜻한 마음씨가 저는 늘 고마웠습니다.

존경하는 장진호 용사와 후손 여러분!

대한민국은 여러분과 부모님의 희생과 헌신을 기억하고 있습니다. 감사와 존경의 기억은 영원히 계속될 것입니다. 한미동맹은 그렇게 전쟁의 포화 속에서 피로 맺어졌습니다. 몇 장의 종이 위에 서명으로 맺어진 약속이 아닙니다.

또한 한미동맹은 저의 삶이 그런 것처럼 양국 국민 한 사람 한 사람의 삶과 강하게 연결되어 있습니다. 그렇기 때문에 저는 한미동맹의 미래를 의심하지 않습니다. 한미동맹은 더 위대하고 더 강한 동맹으로 발전할 것입니다.

존경하는 장진호 용사와 후손 여러분!

67년 전, 자유와 인권을 향한 빅토리 호의 항해는 앞으로도 계속되어야 합니다. 저 또한 기꺼이 그 길에 동참할 것입니다. 트럼프 대통령과 굳게 손잡고 가겠습니다. 위대한 한미동맹의 토대 위에서 북핵 폐기와 한반도 평화, 나아가 동북아 평화를 함께 만들어가겠습니다.

이 자리에 함께하고 계십니다만, 메러디스 빅토리 호의 선원이었던 로버트 러니 변호사님의 인터뷰를 봤습니다. '죽기 전에 통일된 한반도를 꼭 보고 싶다'는 말씀에 가슴이 뜨거워졌습니다. 그것은 저의 꿈이기도 합니다.

오늘 저는 이곳에 한 그루 산사나무를 심습니다. 산사나무는 별칭이 윈터 킹(Winter King)입니다. 영하 40도의 혹한 속에서 영웅적인 투혼을 발휘한 장진호 전투를 영원히 기억하기 위해서입니다. 이 나무처럼 한미동맹은 더욱더 풍성한 나무로 성장할 것입니다. 통일된 한반도라는 크고 알찬 결실을 맺을 것입니다.

이제 생존해 계신 분이 50여 분뿐이라고 들었습니다. 오래도록 건강하고 행복하십시오.

다시 한 번 장진호 참전용사와 흥남 철수 관계자, 그리고 유족 여러분께 감사와 존경의 인사를 드립니다.

감사합니다.

2017. 06. 28

● 동포 간담회 인사말

감사합니다. 사회 보신 김미화 씨에게도 감사합니다. 지난 정권에서 블랙리스트 방송인이라는 거 잘 아시죠? 격려의 박수 부탁드립니다.

동포 여러분, 반갑습니다. 미국 경호원이 경호를 하고 있어서 다들 손 잡아드리지 못했습니다.

사랑하는 250만 재미동포 여러분, 반갑습니다. 방미 마지막 일정으로 여러분을 뵙습니다. 방미 성과도 아주 좋았고, 여러분께 인사를 드리고 돌아갈 수 있게 돼서 정말 기분이 좋습니다. 여러분도 좋으시죠?

방문 첫날 일정으로, 장진호 전투 기념비 가는 길부터 시작해서, 제가 가는 곳곳에서 동포 여러분께서 저를 환영해주셨습니다. 그리고 오늘 이렇게 많은 동포 여러분과 자리를 함께하게 되니 이것만으로도 제 마음이 아주 든든합니다. 여러분, 고맙습니다.

오늘 이 자리에 여기 워싱턴뿐 아니라 멀리 알래스카와 마이애미, 그리고 바다 건너 하와이에서도 오셨다고 들었습니다. 제일 먼 하와이에서 오신 동포분들, 어디 계십니까? 여러분, 큰 박수 한 번 부탁드립니다. 이렇게 여러분 앞에서 대통령으로 인사드리게 돼서 정말로 기쁩니다. 2012년 대선 때도, 그리고 지난 대선 때도 해외 동포 여러분은 저에게 정말 큰 힘이 됐습니다. 마음 깊이 감사드립니다.

지난 대선 때 새로운 기록이 많았습니다. 역대 최고의 재외국민 투표율도 그중의 하나입니다. 지난 2012년보다 투표자 수가 무려 40%나 늘었습니다. 그 높은 투표율의 중심에 동포 여러분의 간절한 염원이 있었다고 생각합니다. "내 조국은 대한민국이다." 누구에게나 자랑할 수 있는 당당하고 품격 있는 나라를 함께 만들자는 염원, 여러분, 맞습니까?

조국의 새 정부는 해외에서도 함께 촛불을 들어준 동포 여러분의 염원으로 출범했습니다. 그 힘이 국제사회에서 대한민국의 위상을 높이고 있습니다. 세계가 우리의 민주주의 역량에 박수를 보냅니다. 제가 이번 정상회담에서 당당할 수 있었던 것도, 기대 이상의 성과를 거둘 수 있었던 것도 그 힘이 크게 작용했다고 생각합니다. 트럼프 대통령을 비롯해서, 제가 만난 미국 정부 관계자와 정치인 모두가 촛불혁명으로, 평화적으로 정권을 교체한 대한민국을 존중해주었고, 그런 대한민국의 대통령인 저를 대접해주었습니다. 여러분, 우리 스스로 자부할 만하다고 생각하는데, 어떻습니까?

사랑하는 동포 여러분, 이번 미국 방문은 여러모로 의미 있는 방문이었고 값진 성과도 얻었습니다. 트럼프 대통령과 저는 이틀 동안 허심탄회한 대화를 나눴습니다. 저는 그 과정에서 한미동맹의 발전과 북핵문제의 해결, 더 나아가 한반도의 항구적 평화정착에 대한 트럼프 대통령의 확고한 의지를 확인할 수 있었습니다. 그리고 우리 두 정상 간에 깊은 우의와 신뢰가 형성되었습니다.

특히 트럼프 대통령과 저는 북핵문제 해결에 최우선 순위를 두고 관련 정책을 긴밀히 협의해나가기로 했습니다. 제재와 대화를 모두 활용하여, 단계적이고 포괄적인 접근으로 북핵문제를 근원적으로 해결하자는 데 뜻을 같이했습니다. 무엇보다 대화의 문을 열어놓고 평화적으로 해결하기로 한 것은 큰 성과였습니다.

동포 여러분께서 잘 알고 계신 것처럼, 미국 정부가 북핵문제 해결에 최우선 순위를 두기로 한 것은 미국 외교정책의 커다란 변화입니다. 저는 이 변화와, 트럼프 대통령과 저 사이에 형성된 신뢰를 바탕으로, 북핵문제를 반드시 해결하고 한반도 평화체제를 구축하겠습니다. 그런 의미에서 트럼프 대통령으로부터 한반도의 평화통일 환경 조성에서 대한민국의 주도적 역할과 남북대화 재개에 대한 지지를 확보한 것은 매우 중요한 성과입니다. 사드 문제에서도 민주적, 절차적 정당성이 필요하다는 점에 대해 미국 정부의 공감을 얻었습니다. 어떻습니까? 한미동맹, 앞으로도 이렇게 흔들림 없이 튼튼하게 해나가면 되겠습니까?

사실 이번 방미 전까지 국내외에서 지난 여러 달 동안 정상외교 공백에 따른 우려가 있었습니다. 그러나 이번 방미를 통해 한미동맹의 굳건함이 확인되었고 앞으로의 발전방향에 대한 폭넓은 공감대가 확보되었습니다. 이렇게 한미동맹이 위대한 동맹으로 발전할 수 있었던 데에는 동포 여러분의 기여와 헌신이 있었습니다.

1903년 1월 하와이 호놀룰루에 첫발을 내디딘 102명의 사탕수수 노동자들의 눈물과 땀이 있었습니다. 50~60년대 한국전쟁이 남긴 상처와 가난을 이기기 위해 청소부로, 세탁원으로 이국땅에서 고생하셨습니다. 1세대 부모님의 노고와 헌신이 2세대, 3세대 동포들의 눈부신 활약으로 결실을 맺고 있습니다. 이제 우리 동포들은 정치, 경제, 문화 모든 분야에서 미국 사회 발전에 크게 기여하고 있습니다. 한인사회의 위상도 크게 높아졌습니다. 덕분에 양국 관계도 더욱 발전할 수 있었습니다.

저는 우리 해외 동포 여러분의 마음속에 늘 조국 대한민국이 있다는 것을 느낄 때마다 가슴이 벅찬데, 여러분은 어떻습니까? 3·1 운동 때에는 동포들이 있는 세계 곳곳마다 태극기가 펄럭였습니다. 87년 6월 항쟁에 이어 이번 촛불혁명까지 대한민국 민주주의 여정에는 늘 동포 여러분이 계셨습니다. 최근에는 병역의무가 없는 동포 청년들이 조국에 자원입대하는 일이 늘면서 국민들에게 큰 감동을 주고 있습니다.

이번 제 귀국길에는 오랫동안 고향을 떠나 있었던 우리 문화재 두 점이 함께 돌아갑니다. 조선왕조의 정통성을 상징하는 문정왕후 어보와 현종 어보입니다. 많은 분들의 열성적인 노력이 있었습니다. 이 자리에 함께하고 있는 안민석 의원이 수고를 많이 해주셨고, 무엇보다 국내 시민단체와 재미동포사회의 노력이 거둔 결실입니다. 동포 여러분께서 잃어버린 우리 문화재를 찾는 과정에서도 힘을 모아주신 것에 대해 진심으로 감사드립니다. 여러분, 안민석 의원과 수고해주신 모든 분들께 큰 박수 부탁드립니다.

이렇게 동포 여러분과 국내의 국민들은 사는 곳은 떨어져 있지만 대한민국의 역사 속에서 하나로 연결되어 있습니다. 동포 여러분이 살고 계신 바로 이곳에서 조국에 대한 자긍심이 더 높아질 수 있도록 정부가 할 수 있는 모든 노력을 다하겠습니다.

동포 여러분께 약속드립니다. 민주주의를 더욱 발전시키겠습니다. '이게 내 조국이냐', 한탄하는 일이 없도록 하겠습니다. 다시는 흔들리지 않도록 민주주의를 더 튼튼하고 단단하게 세워놓겠습니다. 경제에서도 민주주의를 실현하겠습니다. 조금씩 양보하고, 짐을 나누고, 격차를 줄여가면서 더 평등하고 정의로운 대한민국을 만들겠습니다. 남북관계에서도 주변국에 기대지 않고 우리가 운전석에 앉아 주도해나가겠습니다.

재외 동포 지원에도 적극 나서겠습니다. 지금 재외 동포가 720만 명에 달하고 한 해 해외여행객도 2000만 명을 넘어섰습니다. 가장 중요한 것은 우리 국민과 동포들의 안전입니다. 재외국민보호법을 만들고 지원 조직을 확대하겠습니다. 테러와 범죄, 재난으로부터 여러분을 안전하게 지키겠습니다.

재외공관을 재외공관답게 만들겠습니다. 재외공관이 없거나 부실해서, 또 인력이 부족하다는 이유로 그동안 충분한 지원을 받지 못하셨을 것입니다. 통역이나 수감자 지원 법률 서비스를 위해 영사 인력을 확충해가겠습니다. 전자행정으로 영사 서비스도 혁신해서 동포 여러분의 불편을 덜어드리겠습니다. 또한 우리 동포들이 거주국와 거주지역에서 역량이 더 커질 수 있도록 뒷받침하겠습니다. 특히 재미 동포들의 정치적 역량이 커진다면 대한민국의 미래와 양국의 관계 발전에 큰 도움이 될 것입니다. 젊은 동포들이 차세대 인재로 성장할 수 있도록 적극 지원하겠습니다.

재외 동포분들을 만나 보면 후손들의 민족 정체성을 걱정하는 분들이 많습니다. 우리말과 글을 지킬 수 있도록 한글학교를 지원하고, 한국문화를 접할 수 있는 기회를 확대하겠습니다. 자녀들이 민족 정체성을 잃지 않으면서 글로벌 리더로 성장해갈 수 있도록 우리 정부가 뒷받침하겠습니다.

사랑하는 동포 여러분!

저는 여러분이 정말 자랑스럽습니다. 몸은 떨어져 있지만 우리는 늘 함께였습니다. 대한민국이 기쁠 때 함께 웃어주셨고 대한민국이 아플 때 함께 울어주셨습니다. 세계 어디에 이토록 조국을 사랑하고 헌신하는 동포가 있겠습니까? 이제 대한민국 정부가 보답하겠습니다. 지금 대한민국은 완전히 새로운 나라로 거듭나고 있습니다. 동포 여러분께 기쁨과 자부심을 주는 대한민국을 만들겠습니다. 완전히 새로운 대한민국으로 동포 여러분의 자랑이 되겠습니다.

동포 여러분 다시 만날 때까지 늘 건강하시고 행복하십시오.

감사합니다.

2017. 07. 01

● 쾨르버 재단 초청 연설

　존경하는 독일 국민 여러분, 고국에 계신 국민 여러분, 하울젠 쾨르버 재단 이사님과 모드로 전 동독 총리님을 비롯한 내외 귀빈 여러분!

　먼저, 냉전과 분단을 넘어 통일을 이루고, 그 힘으로 유럽통합과 국제 평화를 선도하고 있는 독일과 독일 국민에게 무한한 경의를 표합니다. 오늘 이 자리를 마련해주신 독일 정부와 쾨르버 재단에도 감사드립니다. 아울러, 얼마 전 별세하신 故 헬무트 콜 총리의 가족과 독일 국민들에게 깊은 애도와 위로의 마음을 전합니다. 대한민국은, 냉전 시기 어려운 환경 속에서도 적극적이고 능동적인 외교로 독일 통일과 유럽통합을 주도한 헬무트 콜 총리의 위대한 업적을 기억할 것입니다.

　친애하는 내외 귀빈 여러분!

　이곳 베를린은 지금으로부터 17년 전, 한국의 김대중 대통령이 남북 화해·협력의 기틀을 마련한 '베를린 선언'을 발표한 곳입니다. 여기 알테스 슈타트하우스(Altes Stadhaus)는 독일 통일조약 협상이 이뤄졌던 역사적 현장입니다. 나는 오늘, 베를린의 교훈이 살아 있는 이 자리에서 대한민국 새 정부의 한반도 평화 구상을 말씀드리고자 합니다.

　내외 귀빈 여러분!

　독일 통일의 경험은 지구상 마지막 분단국가로 남은 우리에게 통일에 대한 희망과 함께 우리가 나아가야 할 방향을 말해주고 있습니다.

그것은 우선, 통일에 이르는 과정의 중요성입니다. 독일 통일은 상호 존중에 바탕을 둔 평화와 협력의 과정이 얼마나 중요한지를 일깨워줬습니다. 독일 국민들은 이 과정에서 축적된 신뢰를 바탕으로 스스로 통일을 결정할 수 있었습니다. 동서독의 시민들은 다양한 분야에서 교류, 협력했고 양측 정부는 이를 제도적으로 보장했습니다. 비정치적인 민간교류가 정치이념의 빗장을 풀었고 양측 국민들의 닫힌 마음을 열어나갔습니다.

동방정책이 20여 년간 지속되었다는 사실도 중요합니다. 정권이 바뀌어도 일관된 정책이 가능했던 것은 국민의 지지와 더불어 국제사회의 협력이 바탕이 되었기 때문입니다.

독일은 유럽에 평화질서가 조성될 때, 그 틀 안에서 독일의 통일도 가능할 것이라고 보았습니다. 국제사회와 보조를 맞추고, 때로는 국제사회를 설득해서 튼튼한 안보를 확보하고, 양독관계에 대한 지지를 보장받았습니다. 빌리 브란트 총리가 첫걸음을 뗀 독일의 통일 과정은 다른 정당의 헬무트 콜 총리에 이르러 완성되었습니다. 나는 한반도의 평화와 공동 번영을 위해서도 마찬가지로 정당을 초월한 협력이 이어져나가야 한다고 믿습니다.

내외 귀빈 여러분!

한반도의 평화와 통일을 바라는 우리 국민들에게 베를린은 김대중 대통령의 '베를린 선언'과 함께 기억됩니다. 김대중 대통령의 베를린 선언은 2000년 제1차 남북정상회담으로 이어졌고, 분단과 전쟁 이후 60여 년간 대립하고 갈등해온 남과 북이 화해와 협력의 길로 들어서는 대전환을 이끌어냈습니다. 그 뒤를 이어 노무현 대통령은 2007년 제2차 남북정상회담을 통해 남북관계의 발전과 평화, 번영을 위한 이정표를 세웠습니다.

김대중 대통령과 노무현 대통령은 한반도에 평화를 정착시키기 위한 국제협력도 추진해나갔습니다. 그 기간 동안 6자회담은 북핵문제 해결 원칙과 방향을 담은 9·19 성명과 2·13 합의를 채택했습니다. 북미관계, 북일관계에도 진전이 있었습니다. 나는 앞선 두 정부의 노력을 계승하는 동시에 대한민국의 보다 주도적인 역할을 통해 한반도에 평화체제를 구축하는 담대한 여정을 시작하고자 합니다.

존경하는 내외 귀빈 여러분!

한반도가 직면하고 있는 가장 큰 도전은 북핵문제입니다. 북한은 핵과 미사일 도발을 계속하며 한반도와 동북아, 나아가 세계의 평화를 위협하고 있습니다.

특히 바로 이틀 전에 있었던 미사일 도발은 매우 실망스럽고 대단히 잘못된 선택입니다. 유엔 안보리 결의를 명백히 위반했을 뿐만 아니라 국제사회의 거듭된 경고를 정면으로 거부한 것입니다. 무엇보다 한미정상회담을 통해 모처럼 대화의 길을 마련한 우리 정부로서는 더 깊은 유감을 느끼지 않을 수 없습니다.

북한의 이번 선택은 무모합니다. 국제사회의 응징을 자초했습니다. 북한이 도발을 멈추고 비핵화 의지를 보여준다면, 국제사회의 지지와 협력을 받을 수 있도록 앞장서서 돕겠다는 우리 정부의 의지를 시험하고 있습니다.

나는 북한이 돌아올 수 없는 다리를 건너지 않기를 바랍니다. 북한은 핵과 미사일 개발을 포기하고 국제사회와 협력할 수 있는 길을 찾아야 합니다. 완전하고 검증 가능하며 불가역적인 한반도 비핵화는 국제사회의 일치된 요구이자 한반도 평화를 위한 절대 조건입니다. 한반도 비핵화를 위한 결단만이 북한의 안전을 보장하는 길이라는 뜻입니다.

그래서 나는 바로 지금이 북한이 올바른 선택을 할 수 있는 마지막 기회이고, 가장 좋은 시기라는 점을 강조합니다. 점점 더 높아지는 군사적 긴장의 악순환이 한계점에 이른 지금, 대화의 필요성이 과거 어느 때보다 절실해졌기 때문입니다.

중단되었던 한반도 평화 프로세스를 다시 시작할 수 있는 기본여건이 마련되었다는 점도 중요합니다. 최근 한미 양국은, 제재는 외교적 수단이며, 평화적인 방식으로 한반도 비핵화를 달성한다는 큰 방향에 합의했습니다. 북한에 대해 적대시 정책을 갖고 있지 않다는 사실을 천명했습니다. 북한의 선택에 따라 국제사회가 함께 보다 밝은 미래를 제공할 수 있음을 확인했습니다.

한미 양국은 또한, 당면한 한반도 위기를 타개하기 위해서도 남북관계 개선이 중요하다는 점에 인식을 같이했습니다. 트럼프 대통령은 한반도 평화통일 환경을 조성함에 있어서 대한민국의 주도적 역할을 지지했고, 남북대화를 재개하려는 나의 구상을 지지했습니다. 중국의 시진핑 주석과도 같은 공감대를 확인했습니다.

이제 북한이 결정할 일만 남았습니다. 대화의 장으로 나오는 것도, 어렵게 마련된 대화의 기회를 걷어차는 것도 오직 북한이 선택할 일입니다. 그러나 만일, 북한이 핵 도발을 중단하지 않는다면 더욱 강한 제재와 압박 외에는 다른 선택이 없습니다. 한반도의 평화와 북한의 안전을 보장할 수 없게 될 것입니다.

나는 한반도 평화를 위한 우리 정부와 국제사회의 의지를, 북한이 매우 중대하고 긴급한 신호로 받아들일 것을 기대하고 촉구합니다.

내외 귀빈 여러분!

이제, 한반도의 냉전구조를 해체하고 항구적인 평화정착을 이끌기 위한 우리 정부의 정책방향을 말씀드리겠습니다.

첫째, 우리가 추구하는 것은 오직 평화입니다. 평화로운 한반도는 핵과 전쟁의 위협이 없는 한반도입니다. 남과 북이 서로를 인정하고 존중하며, 함께 잘 사는 한반도입니다.

우리는 이미 평화로운 한반도로 가는 길을 알고 있습니다. '6·15 공동선언'과 '10·4 정상선언'으로 돌아가는 것입니다. 남과 북은 두 선언을 통해 남북문제의 주인이 우리 민족임을 천명했고 한반도에서 긴장완화와 평화보장을 위한 긴밀한 협력을 약속했습니다. 경제 분야를 비롯한 사회 각 분야의 협력사업을 통해 남북이 공동번영의 길로 나아가자고 약속했습니다. 남과 북이 상호 존중의 토대 위에 맺은 이 합의의 정신은 여전히 유효합니다. 그리고 절실합니다. 남과 북이 함께 평화로운 한반도를 실현하고자 했던 그 정신으로 돌아가야 합니다.

나는 이 자리에서 분명히 말합니다. 우리는 북한의 붕괴를 바라지 않으며, 어떤 형태의 흡수통일도 추진하지 않을 것입니다. 우리는 인위적인 통일을 추구하지도 않을 것입니다. 통일은 쌍방이 공존공영하면서 민족공동체를 회복해나가는 과정입니다. 통일은 평화가 정착되면 언젠가 남북 간의 합의에 의해 자연스럽게 이루어질 일입니다. 나와 우리 정부가 실현하고자 하는 것은 오직 평화입니다.

둘째, 북한 체제의 안전을 보장하는 한반도 비핵화를 추구하겠습니다. 지난 4월, '전쟁 위기설'이 한반도와 세계를 휩쓸었습니다. 한반도를 둘러싼 군사적 긴장은 세계의 화약고와도 같습니다. 한반도의 군사적 긴장을 시급히 완화해야 합니다. 남북한 간의 무너진 신뢰를 다시 회복해야 합니다. 우리는 이를 위해 교류와 대화를 모색해나갈 것입니다. 북한도 더 이상의 핵 도발을 중단해야 합니다.

우발적인 충돌을 방지하기 위한 군사관리체계도 구축해나가야 합니다. 보다 근본적인 해법은 북핵문제의 근원적 해결입니다. 북핵문제는 과거보다 훨씬 고도화되고 어려워졌습니다. 단계적이고 포괄적인 접근이 필요합니다.

우리 정부는 국제사회와 함께 북한 핵의 완전한 폐기와 평화체제 구축, 북한의 안보·경제적 우려 해소, 북미관계 및 북일관계 개선 등 한반도와 동북아의 현안을 포괄적으로 해결해나가겠습니다. 그러나 손뼉도 마주쳐야 소리가 나는 법입니다. 북한이 핵 도발을 전면 중단하고, 비핵화를 위한 양자대화와 다자대화에 나서야만 가능한 일입니다.

셋째, 항구적인 평화체제를 구축해나가겠습니다. 1953년 이래 한반도는 60년 넘게 정전상태에 있습니다. 불안한 정전체제 위에서는 공고한 평화를 이룰 수 없습니다. 남북의 소중한 합의들이 정권이 바뀔 때마다 흔들리거나 깨져서도 안 됩니다. 평화를 제도화해야 합니다.

안으로는 남북합의의 법제화를 추진하겠습니다. 모든 남북합의는 정권이 바뀌어도 계승돼야 하는 한반도의 기본자산임을 분명히 할 것입니다.

한반도에 항구적 평화구조를 정착시키기 위해서는 종전과 함께 관련국이 참여하는 한반도 평화협정을 체결해야 합니다. 북핵문제와 평화체제에 대한 포괄적인 접근으로 완전한 비핵화와 함께 평화협정 체결을 추진하겠습니다.

넷째, 한반도에 새로운 경제 지도를 그리겠습니다. 남북한이 함께 번영하는 경제협력은 한반도 평화정착의 중요한 토대입니다.

나는 '한반도 신경제지도' 구상을 가지고 있습니다. 북핵문제가 진전되고 적절한 여건이 조성되면 한반도의 경제 지도를 새롭게 그려나가겠습니다.

군사분계선으로 단절된 남북을 경제벨트로 새롭게 잇고 남북이 함께 번영하는 경제공동체를 이룰 것입니다. 끊겼던 남북 철도는 다시 이어질 것입니다. 부산과 목포에서 출발한 열차가 평양과 북경으로, 러시아와 유럽으로 달릴 것입니다. 남·북·러 가스관 연결 등 동북아 협력사업들도 추진될 수 있을 것입니다. 남과 북은 대륙과 해양을 잇는 교량국가로 공동번영할 것입니다. 남과 북이 10·4 정상선언을 함께 실천하기만 하면 됩니다. 그때 세계는 평화의 경제, 공동번영의 새로운 경제모델을 보게 될 것입니다.

다섯째, 비정치적 교류협력 사업은 정치·군사적 상황과 분리해 일관성을 갖고 추진해나가겠습니다. 남북한의 교류협력 사업은 한반도 모든 구성원의 고통을 치유하고 화합을 이루는 과정이자 안으로부터의 평화를 만들어가는 일입니다.

남북한에는 분단과 전쟁으로 고향을 잃고 헤어진 가족들이 있습니다. 그 고통을 60년 넘게 치유해주지 못한다는 것은 남과 북 정부 모두에게 참으로 부끄러운 일입니다. 대한민국 정부에 가족상봉을 신청한 이산가족 가운데 현재 생존해 계신 분은 6만여 명, 평균 연령은 81세입니다. 북한도 사정은 마찬가지일 것입니다. 이분들이 살아 계신 동안에 가족을 만날 수 있게 해야 합니다. 어떤 정치적 고려보다 우선해야만 하는 시급한 인도적 문제입니다.

분단으로 남북의 주민들이 피해를 보는 일들도 남북한이 함께 해결해나가야 합니다. 북한의 하천이 범람하면 남한의 주민들이 수해를 입게 됩니다. 감염병이나 산림 병충해, 산불은 남북한의 경계를 가리지 않습니다. 남북이 공동대응하는 협력을 추진해나가겠습니다.

민간 차원의 교류는 당국 간 교류에 앞서 남북 간 긴장 완화와 동질성 회복에 공헌해왔습니다. 민간교류의 확대는 꽉 막힌 남북관계를 풀어갈 소중한 힘입니다. 다양한 분야의 민간교류를 폭넓게 지원하겠습니다. 지역 간의 교류도 적극 지원하겠습니다.

인간 존중의 보편적 가치와 국제 규범은 한반도 전역에서 구현되어야 합니다. 북한 주민의 열악한 인권상황에 대해서는 국제사회와 함께 분명한 목소리를 낼 것입니다. 아울러, 북한 주민들에게 실제 도움이 되는 방향으로 인도적인 협력을 확대하겠습니다.

내외 귀빈 여러분!

나와 우리 정부는 이상의 정책방향을 확고하게 견지하면서 실천할 준비가 되어 있습니다. 남북이 함께 손을 잡고 한반도 평화의 돌파구를 열어가야 합니다. 먼저 쉬운 일부터 시작해나갈 것을 북한에 제안합니다.

첫째, 시급한 인도적 문제부터 해결하는 것입니다. 올해는 '10·4 정상선언' 10주년입니다. 또한 10월 4일은 우리 민족의 큰 명절인 추석입니다. 남과 북은 10·4 선언에서 흩어진 가족과 친척들의 상봉을 확대하기로 합의한 바 있습니다. 민족적 의미가 있는 두 기념일이 겹치는 이 날에 이산가족 상봉행사를 개최한다면 남북이 기존 합의를 함께 존중하고 이행해나가는 의미 있는 출발이 될 것입니다. 북한이 한 걸음 더 나갈 용의가 있다면, 이번 이산가족 상봉에 성묘 방문까지 포함할 것을 제안합니다.

분단독일의 이산가족들은 서신왕래와 전화는 물론 상호방문과 이주까지 허용되었습니다. 우리도 못할 이유가 없습니다. 더 많은 이산가족이 우리 곁을 떠나기 전, 그들의 눈물을 닦아주어야 합니다.

만약 북한이 당장 준비가 어렵다면 우리 측만이라도 북한 이산가족의 고향방문이나 성묘를 허용하고 개방하겠습니다. 북한의 호응을 바라며, 이산가족 상봉을 논의하기 위한 남북적십자회담 개최를 희망합니다.

둘째, 평창올림픽에 북한이 참가하여 '평화 올림픽'으로 만드는 것입니다. 2018년 2월, 한반도의 군사분계선에서 100km 거리에 있는 대한민국 평창에서 동계올림픽이 개최됩니다. 2년 후 2020년엔 하계올림픽이 동경에서, 2022년엔 북경에서 동계올림픽이 개최됩니다.

우리 정부는 아시아에서 이어지는 이 소중한 축제들을 한반도의 평화,

동북아와 세계의 평화를 만들어가는 계기로 만들 것을 북한에 제안합니다.

스포츠에는 마음과 마음을 잇는 힘이 있습니다. 남과 북, 그리고 세계의 선수들이 땀 흘리며 경쟁하고 쓰러진 선수를 일으켜 부둥켜안을 때, 세계는 올림픽을 통해 평화를 보게 될 것입니다. 세계의 정상들이 함께 박수를 보내면서, 한반도 평화의 새로운 시작을 함께 열 수 있기를 기대합니다. 북한의 평창동계올림픽 참가에 대해 IOC에서 협조를 약속한 만큼 북한의 적극적인 호응을 기대합니다.

셋째, 군사분계선에서의 적대행위를 상호 중단하는 것입니다. 지금 이 순간에도 한반도의 군사분계선에서는 총성 없는 전쟁이 계속되고 있습니다. 양측 군에 의한 군사적 긴장 고조상태가 변하지 않고 있습니다. 이는 남북한 무력충돌의 위험성을 고조시키고 접경지역에서 생활하는 양측 국민의 안전을 위협하는 일입니다.

올해 7월 27일은 휴전협정 64주년이 되는 날입니다. 이날을 기해 남북이 군사분계선에서 군사적 긴장을 고조시키는 일체의 적대행위를 중지한다면 남북 간의 긴장을 완화하는 의미 있는 계기가 될 것입니다.

넷째, 한반도 평화와 남북협력을 위한 남북 간 접촉과 대화를 재개하는 것입니다. 한반도 긴장완화는 가장 시급한 문제입니다. 지금처럼 당국자 간 아무런 접촉이 없는 상황은 매우 위험합니다. 상황관리를 위한 접촉으로 시작하여 의미 있는 대화를 진전시켜나가야 합니다.

나아가, 올바른 여건이 갖춰지고 한반도의 긴장과 대치국면을 전환시킬 계기가 된다면 나는 언제 어디서든 북한의 김정은 위원장과 만날 용의가 있습니다. 핵 문제와 평화협정을 포함해 남북한의 모든 관심사를 대화 테이블에 올려놓고 한반도 평화와 남북협력을 위한 논의를 할 수 있습니다.

한 번으로 되지 않을 것입니다. 시작이 중요합니다. 자리에서 일어서야 발걸음을 뗄 수 있습니다. 북한의 결단을 기대합니다.

존경하는 내외 귀빈 여러분!

독일은 한국보다 먼저 냉전을 극복하고 통일을 달성했지만 지금은 지역주의와 테러, 난민 문제 등 평화에 대한 또 다른 도전에 직면해 있습니다. 나는 독일이 베를린의 민주주의와 평화공존의 정신으로 새로운 도전을 극복하고 독일 사회와 유럽의 통합을 완성해나갈 것을 믿습니다.

대한민국도 성숙한 민주주의의 힘으로 평화로운 한반도를 반드시 실현해나갈 것입니다. 베를린에서 시작된 냉전의 해체를 서울과 평양에서 완성하고 새로운 평화의 비전을 동북아와 세계에 전파할 것입니다. 독일과 한국은 평화를 향한 전진을 멈추지 않을 것입니다. 양국은 언제나 서로를 지지하고 응원하며 연대할 것입니다.

인류의 더 나은 삶, 세계의 더 좋은 미래를 향해 굳세게 함께 나아갑시다. 감사합니다.

2017. 07. 06

G20 정상회의 리트리트(Retreat) 문재인 대통령 발언

감사합니다. 여러분 반갑습니다. 취임 후 처음으로 참석하는 G20 회의에서 처음으로 발언하게 되었습니다.

테러에 대한 여러 정상들의 의견에 공감하며 되풀이할 필요가 없는 것 같습니다. 테러에 대한 폭력적 극단주의는 무고한 사람들을 해칠 뿐 아니라 세계평화와 안보에 심각한 위협입니다. 국제적인 연대를 통해 단호히 대응해나가겠다는 강력한 의지를 천명하고 실천할 필요가 있습니다.

그동안 G20에서 합의된 사항들과 UN 안보리 결의 등을 다 함께 충실히 이행해나가야 합니다. 한국도 적극 동참하고 특히 피해 국가들에 대한 인도적 지원을 확대해나갈 것입니다. 테러집단들의 자금조달 원천 차단을 위한 자금세탁방지기구(FATF)의 역량 강화 노력을 지지합니다.

G20 정상 여러분!

원래 예정된 주제는 아니지만 대한민국의 대통령으로서 G20 공동의 관심과 행동이 시급히 요구되는 또 하나의 중대한 도전에 대해 말씀드리지 않을 수 없습니다. 바로 북한의 핵과 미사일 도발입니다.

북한은 G20 정상회의를 불과 며칠 앞두고 지금까지 가장 고도화된 탄도 미사일을 발사함으로써 전 세계를 위협했습니다. 북한의 시대착오적인 핵과 탄도미사일 개발이야말로 안보리 결의 등 국제규범과 세계의 평화에 대한 가장 심각한 도전이 아닐 수 없습니다.

글로벌 차원의 위협이 되어버린 북핵문제 해결을 위해 국제사회는 새로운 UN 안보리 결의를 포함하여 더욱 강화된 압박을 가해야 할 것입니다. 그렇게 함으로써 북한 정권으로 하여금 핵과 미사일이 결코 생존을 보장해주지 못한다는 점을 깨닫고 조속히 비핵화를 위한 대화로 나오지 않을 수 없도록 만들어야 합니다.

북한의 도발에 대해 단호히 대처하면서 북한이 비핵화의 길을 선택하면 오히려 안전과 발전을 보장받을 것이라는 메시지도 함께 전달할 필요가 있습니다. 국제사회는 완전하고 검증 가능하며 불가역적인 한반도 비핵화를 평화적인 방식으로 달성한다는 목표를 공유하고 있습니다.

나는 북한이 더 이상의 핵 도발을 중단하고 비핵화를 위한 진지한 대화의 테이블로 조속히 복귀할 것을 촉구합니다. 핵 문제의 심각성과 긴급성을 감안할 때 오늘 이렇게 한자리에 모인 G20 정상들이 이 문제에 공동 대응하는 분명한 의지를 보여주는 것이 바람직하다고 생각합니다. 한반도의 완전한 비핵화와 평화체제가 이루어져야 동북아 전체, 나아가 전 세계의 평화와 안정을 이룰 수 있습니다.

G20 정상 여러분의 전폭적인 관심과 지지를 부탁드립니다.

2017. 07. 07

● G20 정상회의 세션 I
문재인 대통령 선도발언

감사합니다. 의장님. 저는 이번 기회를 빌려, 한국 새 정부의 경제정책 기조를 말씀드리고 싶습니다.

한국은 성공적인 산업화로 급속한 경제성장을 이루었습니다. 그러나 그 이면에 소득 양극화가 심각해졌습니다. 이제는 극심한 경제적 불평등이 성장을 저해하고 국민통합을 가로막고 있습니다.

이에 우리 정부는 '사람 중심 경제'로 경제 패러다임의 대전환을 모색하고 있습니다. 모든 국민이 공정한 기회를 갖도록 하여 창의성과 기업가 정신을 살리고, 국민과 가계를 중심으로 경제정책을 운용하는 발상의 전환입니다. 이는 G20의 '강하고 지속가능하며 균형 잡힌 포용적 성장'을 한국의 실정에 맞게 구체화한 것이기도 합니다.

새 경제정책은 첫째, 일자리 주도 성장 둘째, 공정 경제 셋째, 혁신 성장으로 요약됩니다.

첫째, 일자리 창출을 통한 성장입니다.

좋은 일자리를 늘려 가계소득을 높여줌으로써 내수를 활성화시켜 경제성장을 이끌고, 이것이 다시 일자리로 이어지는 선순환 구조를 만드는 것입니다. 새 정부는 고용 없는 성장에서 벗어나기 위해 공공부문에서 먼저 공공서비스 일자리 창출을 선도하고, 이를 마중물 삼아 민간부문 일자리 확대를 유도하고자 합니다.

둘째, 모두에게 공평한 기회와 공정한 경쟁이 보장되는 공정 경제입니다.

시장 감시기능을 강화하여 불공정 거래관행을 근절하고, 불합리한 기업 지배구조도 개선해나가고자 합니다. 아울러, 노사가 함께 발전할 수 있도록 노사정 대타협을 도모하고 기업 내 합리적인 노사협력 문화 정착을 지원할 것입니다.

셋째, 창의와 도전정신으로 경제가 살아나는 혁신 성장입니다.

교육혁신으로 창의적 인재를 육성하고, 사물인터넷, 빅데이터, 인공지능 등 신기술에 대한 투자를 확대할 것입니다. 창업지원을 강화하고, 규제체계를 개편해 혁신적인 창업과 신산업 성장이 이어지도록 할 것입니다.

세계경제는 최근 회복세를 보이고 있지만, 통화정책 정상화, 정치적 요인에 따른 정책 불확실성 등 위험요소가 여전히 남아 있습니다. 이러한 도전을 극복하기 위해 올해 의장국인 독일의 지도력으로 G20이 마련한, '회복력 원칙(resilience principle)'을 적극 환영하고 지지합니다.

국제금융시장 불안은 경제정책수단을 제한하고, 효과를 불확실하게 만듭니다. G20이 글로벌 금융안전망 강화를 위한 구체적인 결과물을 도출해야 합니다.

글로벌 자본 유출입의 변동성이 높아지면 신흥국 경제가 위험에 노출되고, 선진국으로까지 파급될 수 있다는 점을 감안하여, 관련 국제규범을 보다 탄력적으로 도입하고 운영해나갈 것을 제안합니다.

한국은 보호무역주의를 반대하며, WTO 중심의 다자무역체제를 강화하고 자유무역주의 질서를 확대하기 위한 G20의 노력을 적극 지지합니다. 이번 함부르크 정상회의에서 이에 대한 우리의 공동의지가 재천명되기를 기대합니다.

또한 올해 말 11차 WTO 각료회의 성공을 위해 G20 국가들이 함께 노력하기를 희망합니다. 작년 G20 정상회의 선언문에서 지적한 바와 같이 자유무역의 혜택이 보다 공평하게 분배되어야 합니다.

한국정부는 자유무역 과정에서 중소기업이나 농업 분야가 받을 수 있는 피해를 최소화하기 위해 적극 지원할 것입니다.

감사합니다.

2017. 07. 07

● G20 정상회의 세션 IV
문재인 대통령 발언

감사합니다. 의장님, 의장국이 지난 5월 G20 최초로 보건장관회의를 개최하고, 보건 이슈를 G20의 주요 의제로 다룬 노력을 높게 평가합니다.

신종 감염병과 항생제 내성문제 등 글로벌 보건위기에 대응하기 위해 국제적 협력이 필요합니다. 또한, 세계보건기구(WHO)의 역할을 높여야 합니다. 한국은 WHO의 '긴급대응기금'에 적극 기여할 예정입니다.

의료 취약국에 대한 인도적 지원을 늘려야 합니다. 한국은 개발도상국들을 위해 2020년까지 13개국에 총 1억 불을 지원할 계획을 세우고 있습니다.

보건의료 분야에 대한 인도적 지원은 정치적 상황과 연계하지 않아야 합니다. 한국은 북한 영유아 영양실조문제에 주목하고 있습니다. 북한의 경우, 2017년 UN 보고에 따르면 전체 인구의 41%, 특히 5세 미만 아동의 28%가 영양실조 상태입니다.

국제사회의 대북 제재 틀 내에서 체계적이고 엄밀한 모니터링과 함께 지원이 이루어지도록 국제기구 및 민간단체와 협력하고자 합니다. G20 회원국들의 많은 관심을 당부드립니다.

한국은 분단과 한국전쟁으로 대량 난민사태를 겪었던 경험이 있고, 지금도 적지 않은 탈북자가 있습니다. 이러한 경험과 연대감을 바탕으로 전 세계 난민문제 해결을 위한 노력에 동참하고자 합니다.

아프리카는 기후변화의 영향을 가장 크게 받고 있고, 그것이 아프리카

를 더욱 빈곤하게 만들고 있습니다. 한국은 전 세계의 균형적 발전을 위해 의장국이 제안한 '아프리카 파트너십' 구상과 아프리카 연합의 어젠다 2063을 전적으로 지지합니다.

기후변화는 아프리카만의 문제는 아닙니다. 모든 국제사회가 함께 대응해야 할 문제입니다. 기후변화 대응은 미래세대를 위한 투자이자 새로운 일자리와 성장 동력을 창출할 기회입니다.

한국은 파리협정을 충실히 이행할 것입니다. 유엔에 제출한 2030 온실가스 감축목표를 차질 없이 달성하겠습니다. 에너지정책의 패러다임을 바꿔 친환경·저탄소 에너지로 대체하는 작업을 이미 시작했습니다. 새로운 기후체제에 적극 대응해 지속가능한 성장기반을 마련할 것입니다.

여성의 경제활동 증진을 위한 특별한 노력에 대해 말씀드리고자 합니다. 한국정부는 일과 가정 양립 기반을 만들어, 여성들의 경력단절 요인을 제거하고, 더 나아가 성별에 따른 임금격차를 점차 줄여나갈 계획입니다.

여성 지도자도 더 많이 배출되어야 합니다. 저는 지금 새 내각 장관의 30%를 여성으로 임명하기 위해 노력 중이고, 앞으로도 임기 내내 다양한 분야에서 여성의 대표성을 확대해나갈 계획입니다.

한국은 이번 정상회의에서 개발도상국 여성기업인 지원을 위해 설립된 '여성기업가기금'에 참여했습니다. 이 기금이 여성의 경제활동 참여 증진과 개발도상국의 경제발전 및 일자리 창출에 기여하기를 기대합니다.

감사합니다.

2017. 07. 08

● 극과 극, 팩트 정리

최순실 국정농단에서 박근혜 구속까지(2016.10~2017.3)

10.24 JTBC <뉴스룸> 최순실 태블릿PC 입수, 단독보도

10.25 박근혜 1차 대국민 담화 "순수한 마음으로 도움받아"

10.29 1차 촛불집회, 3만 명 추산

10.31 입국 31시간 만에 최순실 검찰 출두, 조사 중 긴급체포

11.4 박근혜 2차 대국민 담화 "내가 이러려고 대통령 했나 자괴감"

11.12 3차 촛불집회, 3주 만에 100만 명 돌파

11.17 최순실 특검법 국회 통과, 국정조사 시작

11.25 박근혜 지지율 4퍼센트 기록

11.29 박근혜 3차 대국민 담화 "어떠한 개인적 이득도 없었다"

12.6 최순실 국정농단 국정감사 1차 청문회 실시, 이재용 등 재벌 총수 15명 출석

12.9 박근혜 탄핵소추안 가결

12.22 국정농단 5차 청문회 실시, 우병우 출석 "최순실 몰라"

12.26 유진룡 전 문체부 장관 폭로, "문화·예술계 블랙리스트는 김기춘이 주도"

12.31 10차 촛불집회, 전국 누적 1000만 명 돌파

1.1 박근혜, 기자단과 신년 간담회 "세월호 작년인가… 재작년인가…"

1.7 세월호 1000일

1.9 국정농단 7차 청문회 실시, 조윤선 블랙리스트 인정

1.21 김기춘, 조윤선 구속

1.25 박근혜, 우익 인터넷 언론과 인터뷰 "모든 의혹 사실 아냐"

장미대선에서 문재인 정부까지(2017.4~2017.7)

극과 극, 팩트 정리

사진출처 더불어민주당 연합뉴스 청와대

좋아요, 문재인

초판 1쇄 발행 2017년 8월 17일
초판 2쇄 발행 2017년 8월 28일

그린이   고군 (고홍석)
펴낸이   金滇珉
펴낸곳   북로그컴퍼니
편집   김옥자 태윤미 서진영
마케팅   강동균 이예지
디자인   김승은
경영기획   김형곤

주소   서울시 마포구 월드컵북로1길 60, 5층
전화   02-738-0214
팩스   02-738-1030
등록   제2010-000174호

ISBN   979-11-87292-71-5 03300